运动竞赛学

徐刚　主编

北京体育大学出版社

策划编辑　佟　晖　潘海英
责任编辑　潘海英
责任校对　赵红霞
版式设计　联众恒创

图书在版编目（CIP）数据

运动竞赛学 / 徐刚主编 . -- 北京 : 北京体育大学
出版社 , 2024.2（2024.8重印）
ISBN 978-7-5644-4056-5

Ⅰ . ①运… Ⅱ . ①徐… Ⅲ . ①运动竞赛—教材 Ⅳ .
① G808.2

中国国家版本馆 CIP 数据核字（2024）第 024494 号

运 动 竞 赛 学

YUNDONG JINGSAIXUE

徐刚　主编

出版发行：北京体育大学出版社
地　　址：北京市海淀区农大南路 1 号院 2 号楼 2 层办公 B-212
邮　　编：100084
网　　址：http : //cbs. bsu. edu. cn
发 行 部：010-62989320
邮 购 部：北京体育大学出版社读者服务部 010-62989432
印　　刷：北京昌联印刷有限公司
开　　本：787mm×1092mm　1/16
成品尺寸：185mm×260mm
印　　张：7.25
字　　数：172 千字
版　　次：2024 年 2 月第 1 版
印　　次：2024 年 8 月第 2 次印刷
定　　价：30.00 元

前言

运动竞赛是竞技体育的基本组成部分之一，是运动员以竞技优胜为基本目标，根据特定的评定标准，在专门设定的环境中较量竞技水平高低的竞争活动。运动竞赛可以集中展示各个运动项目的竞技特点，对运动项目乃至体育事业的发展具有重要意义。

党的二十大报告指出"促进群众体育和竞技体育全面发展"，而运动竞赛对群众体育和竞技体育的发展起到重要作用。近年来，世界范围的运动竞赛快速发展，广受关注，社会价值日益多元化，相关学科也得到迅速发展。作为体育科学的组成部分之一，运动竞赛学以运动竞赛活动为研究对象，探索并揭示运动竞赛的发展规律，以促进运动竞赛的长期、全面发展。

本教材由徐刚教授担任主编，参加编写工作的主要是长期从事运动竞赛相关理论与实践教学工作的专家学者。本教材共有八章。第一章、第三章、第六章和第七章由徐刚编写，第二章由石宏杰编写，第四章由耿志伟编写，第五章由李圣鑫编写，第八章由李圣鑫和徐刚共同编写。

运动竞赛的理论与实践始终处于发展与创新之中，本教材难免有不足之处，诚挚希望广大师生和读者提出宝贵意见和建议。

本书编写组
2023 年 12 月

目录 CONTENTS

第六章　运动竞赛规则与规程

第七章　运动竞赛的发展特点与发展趋势

第八章　综合性运动会的竞赛组织工作

附录

第一章　绪论

○ 本章导读

　　本章主要对运动竞赛的基本问题进行讨论，包括运动竞赛的内涵、起源与发展、构成、类别、价值等，并对运动竞赛学的研究对象、主要研究内容等进行了讨论。

○ 学习目标

　　通过本章的学习，学生对运动竞赛及运动竞赛学的相关理论及其发展有比较清晰的整体性认识，能了解运动竞赛的内涵、起源与发展、构成、类别、价值等。

第一节　运动竞赛概述

一、运动竞赛的内涵

运动竞赛是竞技体育的基本组成部分之一，是运动员以竞技优胜为基本目标，根据特定的评定标准，在专门设定的环境中较量竞技水平高低的竞争活动。

在运动竞赛中，运动员较量竞技水平的高低、取得优异成绩是其长期坚持训练的根本目标。与此同时，普通群众通过观看高水平的运动竞赛，了解并逐渐喜爱运动项目，进而参与运动项目，这为运动项目的长期发展创造了有利条件。因此，运动竞赛可以充分展现各个运动项目的竞技特点与魅力，有效促进运动项目的全面发展。

近年来，世界范围内的运动竞赛体系不断完善，社会价值日益多元化，这对体育事业的发展具有非常重要的意义。

二、运动竞赛的起源与发展

作为人类社会的重要活动之一，运动竞赛是随着人类社会的发展而产生并逐渐发展起来的。

（一）起源

早期的人类社会，劳动是最主要的活动形式。为了争夺有利的生存环境与劳动成果，竞争与对抗成为人类在恶劣的自然环境中求得生存的必然选择，此时人类的对抗与求胜意识逐渐形成。但是，在那个时期，人类的生存环境非常艰苦，并不存在运动竞赛产生的社会条件。

随着生产力水平的提高，人类的生活环境得到改善，生存状态得到改观。伴随着人类劳动、生活、军事等活动的发展，各种类型的游戏性活动应运而生，在人类社会占有一席之地，并逐渐具备运动竞赛的基本形态。

当人类文明发展到一定水平之后，由于人类自我发展及社会发展的需要，以身体运动为载体的游戏逐渐成为人类的重要生活方式之一。一些军事活动及宗教祭祀活动逐渐仪式化，成为游戏和交际手段。于是在特定的场景中就有了早期的竞赛活动，并逐渐成为体育的核心要素。

中国周朝时期六艺中的"射艺"已具备了运动竞赛的内涵，而公元前776年举办的古代奥林匹克运动会，被视为世界上最早的综合性运动竞赛。随着古代游戏和竞技活动的不断演化与发展，各种规定性的要求逐渐增多并成为规范，早期的运动竞赛逐渐形成。

总体来讲，运动竞赛来源于人们的生产劳动、军事战争、宗教祭祀及日常活动。运动项目的出现则是身体教育和文化发展的结果，也是运动方式固化的结果。运动方式与运动项目的不断演进、技术与规则的不断完善、大众生活方式的不断改变共同推动着运动竞赛的发展，而这个发展过程与运动项目的发展相生相伴。

（二）发展

在各种体育活动中，人们体会到了身体活动的乐趣，逐渐开始追求胜利，希望组织竞争性的体育活动并参与其中；而随着社会和工业生产的快速发展，生产力水平整体提高，人们的闲暇时间增多，这为竞技运动的发展创造了良好的条件。社会的不断进步，使得人们对竞赛活动方式、评价方式等提出了客观要求，逐渐形成了有规律、有特点的专门竞技活动。伴随着竞赛规则的出现并不断完善，现代意义的运动竞赛逐渐产生。19世纪末兴起的现代奥林匹克运动会（以下简称奥运会）是人类社会文明史上一座划时代的里程碑。1896年，第1届夏季奥运会在希腊雅典举行，揭开了现代运动竞赛全球化进程的序幕。

随着社会工业化、城市化与现代化水平的不断提高，人们之间的交往日益频繁，对社会活动的需求日益增长。在社会整体进步的基础上，体育事业得到全面发展，现代运动竞赛越来越受到全世界的关注和推崇；各种运动竞赛活动发展迅速，竞技水平日益提高，竞技比赛更加激烈，管理体制不断更新。在管理水平不断提高和国际交流渠道不断拓展的基础上，社会组织升级，陆续出现管理国际体育事务的世界性单项体育组织和国际奥林匹克委员会（以下简称国际奥委会）等国际综合性体育组织，它们分别管理与组织各种类型的世界性的单项运动竞赛和综合性运动会。各种类型的竞赛紧密关联，逐渐形成世界范围的运动竞赛体系，成为推动各个运动项目乃至体育事业发展的重要因素。

19世纪下半叶，田径、体操、足球、网球、游泳等运动项目的竞赛活动在我国逐渐开展起来。在洋务运动影响下，中外体育竞赛活动的交流增多，而一些公立的新式学堂则成为推动近代体育在我国开展的重要力量，举办的运动会推动了现代运动竞赛在我国的开展。

所以说，运动竞赛是由人类早期的游戏逐渐发展并演化而来的，其形成与发展始终伴随着人类自身的发展历程。随着人类社会的发展，运动竞赛作为一种专门的社会活动逐步演变，且伴随着人类体育活动的广泛开展而发展壮大起来，并逐步成为一种高层次、专门化的竞技性活动。可以说，运动竞赛的历史演进，从不同角度展示着运动竞赛对人类社会发展的推动。

三、运动竞赛的构成

运动竞赛的构成主要包含参与人群和竞赛环境。从整体上来讲，参与人群和竞赛环境有着紧密的联系，直接影响运动竞赛的整体面貌与价值体现。

（一）参与人群

运动竞赛是一项复杂的人类社会活动，各类人员高度聚集，利益相关者很多。在运动竞赛中，汇聚了不同角色的各类人员，包括运动员、教练员、随队官员、裁判员、观众、竞赛组织人员、媒体宣传人员，以及其他各类服务人员等。各类人员有着不同的身份角色和参赛愿景，同时通过竞赛彼此关联，形成一个完整的人员体系；也正是这些人员及他们之间的关系，推动着运动竞赛不断发展演变。

其中，需要特别注意的是，运动竞赛终归是高水平运动员之间的竞赛，运动项目的特点及竞赛的魅力，主要通过运动员之间高水平竞技能力的较量来展示。因此，在现代运动竞赛体系中，最重要的参与人群始终都是运动员。现代运动竞赛的整体设计，无论是在运动竞赛方法（以下简称竞赛方法）方面，还是在场地设施方面，从总体上来讲只有重点考虑运动员的参赛需求，保证运动员充分发挥竞技水平，才能确保竞赛的精彩、激烈。

所以说，运动员是运动竞赛的核心。现代运动竞赛涉及很多运动项目，呈现的方式多种多样。各个运动项目的竞赛是否吸引人，关键就在于运动员之间竞技能力的较量是否精彩而有特点。而不同运动项目竞赛的区别，从根本上来讲就在于运动员竞争方式的不同。换句话讲，如果竞争方式发生变化，运动竞赛就会呈现不同的状态，甚至发生根本性的变化。因此，各个运动项目在设计竞赛时，都会把运动员竞技能力的发挥放在首位，充分考虑运动员在竞赛中的需求，以期为运动员全面展示竞技能力创造有利的条件。以夏季奥运会为例，虽然组织管理工作涉及很多方面，非常复杂，但是在组织过程中始终都会特别强调以"竞赛"为中心、以"运动员"为中心。

（二）竞赛环境

不同项目、不同类型的运动竞赛都是专门组织的。在竞赛中，运动员有一系列的参赛目标，而取得竞赛的优胜是运动员首要的直接目标。只有确定合理的参赛目标，运动员才能在竞赛中充分激发自身的潜能，全面发挥竞技水平，争取优胜。

运动竞赛是在特定的环境里，运动员根据特定标准进行的专门性竞争，其中特定标准是竞赛顺利进行的重要保障。为了更好地展示竞技的魅力，促进运动员创造优异成绩，各个运动项目的管理者都会着眼于为运动员创造良好的竞赛环境，制定并不断优化竞赛场地、竞赛器材及竞赛规则等各个环境要素的标准。

其中，竞赛场地、竞赛器材等相关设施是竞赛的硬件系统，是各项竞赛取得成功的基本保障。此外，由于运动竞赛涉及的要素多、管理任务重，为了保证竞赛的顺利进行，管理者需要设计相应的管理体系、信息系统，制定相应的组织方式、运行流程与竞赛方法等，而这些都属于运动竞赛的软件系统。

作为运动竞赛软件系统的重要组成部分，竞赛方法从根本上限定了竞赛的形式，直接影响竞赛的最终结果。为此，各个运动项目都会制定专门的竞赛文件和竞赛方法，科学地规定竞赛的竞争方式，全面而客观地评价运动员在竞赛中的竞技表现，不断优化竞赛环境。

不同的运动项目，基本竞赛规则、评分标准均有所不同，即便是看起来类似的运动项目，也会呈现出不同的竞技场景。因此，世界范围内的运动竞赛吸引着广大群众，这也为各个运动项目乃至体育事业的整体发展提供了持续不断的强大动能。

四、运动竞赛的主要类别

世界范围内的运动竞赛种类丰富、数量众多，不同运动项目的竞赛规模、竞赛水平等方面有各自的特点。不同类型的运动竞赛体现不同的特点，具有不同的价值，其共同构成的运动竞赛体系，为体育事业的发展提供了重要的发展平台。根据不同的分类标准，运动竞赛的主要类别见表1-1。

表 1-1　运动竞赛的主要类别

序号	分类标准	竞赛类别
1	地域范围	世界性竞赛、洲际竞赛、国家级竞赛等
2	运动项目的数量	单项竞赛、综合性运动会等
3	运动员身份	学生竞赛、军人竞赛、农民竞赛等
4	运动员年龄	成年竞赛、青年竞赛、少年竞赛等
5	运动员水平	职业竞赛、专业竞赛、业余竞赛等
6	参赛目的	训练性竞赛、适应性竞赛、检查性竞赛、竞技性竞赛等

（一）按照地域范围分类

根据地域范围的大小划分，运动竞赛可分为世界性竞赛［如奥运会、冬季奥林匹克运动会（以下简称冬奥会）、足球世界杯、世界体操锦标赛等］、洲际竞赛［如亚洲运动会（以下简称亚运会）、亚洲田径锦标赛等］、国家级竞赛［如中华人民共和国全国运动会（以下简称全运会）、全国射击锦标赛等］等。例如，世界性竞赛是由国际奥委会、国际单项体育组织等国际组织主办的竞赛，如奥运会、世界杯，以及世界性的年度比赛等。不同层次的运动竞赛由于参与的地域不同，所以参加竞赛的运动员的数量、竞技水平等有很大差异。

（二）按照运动项目的数量分类

根据运动项目的数量划分，运动竞赛主要可分为单项竞赛与综合性竞赛。奥运会、亚运会、世界大学生运动会等综合性运动会都会设立多个运动项目，竞赛规模与社会影响力大，组织工作也很复杂。例如，2020年东京奥运会共设33个大项339个小项，运动员总数超过11 000人；但是为了控制奥运会的总体规模，每一个小项的参赛人数较单项世界锦标赛的要少。而在各种单项竞赛中，最重要、水平最高的主要是世界级别的世界锦标赛、世界杯，其基本代表着各个运动项目的世界最高水平，如世界田径锦标赛、世界体操锦标赛、足球世界杯等。各种单项竞赛的参赛人数一般都比奥运会单项竞赛的参赛人数多，以确保有更多的优秀运动员参加，使竞赛整体水平高、竞争更激烈。

（三）按照运动员身份分类

根据参赛运动员的身份划分，运动竞赛可分为军人竞赛、学生竞赛等。由于特定人群具有典型的特征，组织的相应竞赛也会充分考虑特定人群的特征，包括设定特定的竞赛项目、设计特定的竞赛方式等，如世界军人运动会、世界中学生运动会等。

（四）按照运动员年龄分类

根据参赛运动员的年龄划分，运动竞赛可分为成年竞赛、青年竞赛、少年竞赛等。设定不同年龄人群参加的竞赛，是为了让不同年龄的运动员都公平享有参加专门竞赛的机会；与此同时，参赛年龄标准还会充分考虑各个运动项目的专项特征与竞技特点，有针对性地设定。例如，为了更好地保护运动员的健康，避免年龄过小的运动员过早地参与高强度的专业训练，奥运会的跳水项目竞赛要求运动员必须年满14周岁。

（五）按照运动员水平分类

根据参赛运动员的水平划分，运动竞赛可分为职业竞赛、专业竞赛等。其中，职业竞赛由专门的体育机构与组织以市场化、商业化模式运作，代表了相关项目的世界最高水平，该类竞赛的管理水平及组织水平、运动员的竞技水平、裁判员的执法水平等都处于世界领先地位，是很多运动项目竞赛发展的潮流与趋势之一。专业竞赛则主要是非市场化、非商业化运作的，运动员和教练员以非职业身份参与的单项竞赛或综合性运动会。我国大多数运动项目还未实现"职业化"，相关高水平竞赛都属于专业性质的比赛，如各个运动项目的全国锦标赛、冠军赛等。

（六）按照参赛目的分类

根据运动员参加不同类型和水平的运动竞赛的目的不同，运动竞赛可分为训练性竞赛、适应性竞赛、检查性竞赛、竞技性竞赛等。上述不同类型的运动竞赛，主要服务于运动员不同阶段的竞技发展需求。其中，训练性竞赛是在训练条件下，根据教学的规律或原理、专项竞赛的基本规则或部分规则而进行的专项竞赛，目的是提高运动员的训练水平，帮助运动员完善其竞赛活动的技术和战术，丰富竞赛经验。适应性竞赛是指在真实竞赛条件下开展的竞赛，力求让运动员尽快适应重大竞赛环境。检查性竞赛是指在模拟或真实的竞赛条件下，严格按照竞赛规则和规程，对运动员赛前训练的训练质量及技战术的掌握程度进行检查，进而根据检查结果做相应的训练过程调控的竞赛。竞技性竞赛是指在真实竞赛的条件下，运动员之间进行竞技能力较量的竞赛，运动员的参赛目的在于争取竞赛胜利、取得优异成绩。

五、运动竞赛的价值

运动竞赛是竞技体育最有代表性、最有活力的组成部分。运动竞赛为运动员提供发挥竞技能力的平台，展现运动项目的魅力，对运动项目的长期发展具有重要的意义。

（一）展示运动项目的竞技特点

在运动项目的发展体系中，运动员的选材、训练与竞赛联系紧密。一方面，运动员的选材需要充分考虑专项竞赛的特点，制定选材标准的基本依据就是专项竞赛的技术性要求；另一方面，运动员的训练时间、训练内容、训练方法等都要紧紧围绕提高运动员的专项竞技能力这个根本目标，而专项竞技能力则取决于专项竞赛的技术性要求。

不同运动项目采用不同的竞赛方法，呈现不同的竞争场景，体现不同的竞技特点。为了更好地适应社会发展需求，各个运动项目会对竞赛规则进行改革与优化，以推动该项目的发展。例如，艺术体操项目重视"艺术表现力"在竞赛中的价值，在竞赛规则的评分标准中赋予"艺术表现力"较大权重的分数，由此引导艺术体操运动队在训练和竞赛中重视运动员"艺术表现力"的培养。篮球项目重视技战术的全面性，在竞赛规则中将"三分线"的距离增大，由此引导篮球运动队在训练和竞赛中更加重视技战术的全面发展，使竞赛场面更加丰富多彩。

在竞赛过程中，运动员充分发挥自身的竞技能力，展现运动项目的竞技魅力；而不同类型的运动竞赛的竞争场景满足了不同类型观众的观赏需求，丰富了观众的文化生活和精神生活，也使得运动竞赛的社会价值不断提升。所以说，在竞技体育的发展体系中，运动竞赛处于非常重要的地位，全面展示运动项目的竞技特点，引领运动项目的发展方向。

（二）展现公平竞争的体育精神

在运动竞赛中，竞争是"灵魂"，确保公平至关重要。在竞赛过程中，运动员通过特定的方式进行较量，直接目标是夺取竞赛胜利、取得优异成绩；而成绩受到竞赛环境的直接影响，随着竞争的日益激烈，营造公平的竞赛环境显得越发重要。

现代竞技体育倡导"以人为本"，在运动竞赛中特别强调"以运动员为中心"。管理者在对运动竞赛进行专门设计时，特别重视科学地规范运动员的竞争方式，确保参赛条件一致、标准一致，创造公平的竞争环境，提供公平的竞争平台。竞赛标准具有权威性与强制性，在保证运动竞赛顺利进行的同时，可以培养并强化运动员尊重规则、公平竞争的良好品质。

在此基础上，运动竞赛强调共享，着眼于为参与竞赛的各类群体提供融入竞赛、享受竞赛的机会。在这个过程中，观众等各类群体都会在公平竞争的环境中受到教育。所以说，竞技体育在塑造规则意识方面具有独特优势，通过运动竞赛能够展现并强化运动员公平竞争的体育精神；在竞争与对抗的过程中，能充分发挥对人的教育作用，成为社会发展的重要推动力。

（三）展示科技进步的最新成果

现代运动竞赛涉及各种类型的运动项目，各个运动项目的竞技特点不同，发展需求各异。在现代运动竞赛中，无论是运动员准备参赛的训练，还是运动竞赛的组织，面临的很多实际问题都是利用科技手段解决的。尤其是举办奥运会等大型综合性运动会，由于参与人员多、涉及范围广、运行难度大，为了提高工作效率，特别需要科技手段的支撑，而这对举办城市的管理能力提出了很高的要求。因此，举办大型综合性运动会是一个国家综合实力的体现，充分反映了其科技的发展水平。

近年来，我国成功举办的 2008 年北京奥运会、2022 年北京冬奥会，促进了我国竞技体育的快速发展，为我国科技提供了实践应用的高端平台。在竞赛组织过程中，各种高科技手段得到广泛应用，对竞赛管理及竞技训练起到了重要的支撑作用。随着竞赛的顺利进行、运动员运动成绩的不断提高，国家科技发展成果得到了全面展示，国家科技的整体实力得到了彰显，"体育热"与"爱国热"融汇交织，在激发了国民的国家荣誉感与民族自豪感的同时，国家的国际影响力也得到了提升。这为国家体育事业发展创造了良好的条件，为国家和社会发展注入了强大的精神力量。

（四）促进体育产业的全面发展

运动竞赛对体育产业的全面发展起到了积极的促进作用。高水平的竞赛会吸引广大体育爱好者参与其中，引发更多的社会关注，同时为体育产业带来更多的发展资源。例如，举办冬奥会等大型综合性运动会，除了会推动运动项目的发展，提高运动竞赛水平，还会带动相关体育产业的发展。例如，竞赛场馆和辅助场馆需要大批竞赛器材、专业设施，竞赛组织需要开发一系列管理运动成绩与竞赛的软件等，这些需求会促进体育产业的发展。此外，竞赛可吸引成千上万的人在现场或者通过媒体观赛，从而为体育旅游、体育媒体的发展提供良好契机，成为体育产业经济增长点之一。

所以说，运动竞赛不仅能全面展示运动项目的竞技魅力，吸引更多的群体参与其中；还能在关注度不断提升的基础上，通过拓展业务来创造效益，为体育产业发展提供更多的社会资源，为社会提供更多的发展机遇和创造更多的财富。例如，在足球世界杯期间，全球有几十亿人次观赛，产生的经济效益有力地促进了相关体育产业的发展。

（五）推动体育交流与国际合作

运动竞赛既强调竞争，又重视合作。在体育事业的发展过程中，各个运动项目可能面临各类发展问题，需要各相关方共同寻找发展资源，以使各个运动项目的交流、各个国家之间的交流日益增多，国际合作成为常态。

可以说，运动竞赛具有国际化的特征，是促进各个国家友好交往与文化交流的优质平台之一。在发展过程中，运动竞赛展示国家发展成果，充分体现国家的形象；同时作为对外交往的渠道，能够加强文化传播与交流。运动员在国际比赛中进行广泛的交流，对加强各国间彼此信任、促进国际合作具有积极的作用。例如，20世纪70年代，中美两国运动员在乒乓球比赛中的交流，推动了中美关系的正常化发展，被誉为"小球转动大球"。

总而言之，人类心中都蕴含着强大的发展潜能，需要特定的场景激发出来。随着时代的发展，现代竞技体育的社会价值有了新的内涵，多重的社会功能日益显现，在满足国家、民族和个人发展需求方面发挥了相当大的作用。

> 广泛开展全民健身活动，加强青少年体育工作，促进群众体育和竞技体育全面发展，加快建设体育强国。
> ——2022年10月16日，习近平总书记在中国共产党第二十次全国代表大会上的报告

第二节 运动竞赛学概述

随着运动竞赛的发展，学科建设得到了进一步的加强。作为体育学科的一个分支，运动竞赛学是以运动竞赛活动为基本研究对象，研究和阐明运动竞赛活动特点与发展规律的综合性应用学科。其学科建设的目的在于促进运动竞赛活动健康、有序地发展，提高竞技运动的整体水平。

随着社会的发展，作为一种社会文化现象，运动竞赛举办的层次、规模、类型更加多元化，参与人员的结构更加复杂。为此，人们从不同的视角对运动竞赛进行了研究，并逐步形成了运动竞赛理论，以分析和解释运动竞赛的特点和规律。

运动竞赛学主要研究运动竞赛的发展体系与发展规律，主要涉及运动竞赛原理、竞赛方法、运动竞赛体系、运动竞赛管理、运动竞赛组织等范畴；通过学科发展，逐步揭示复杂多变的多层次的运动竞赛，解释运动竞赛过程中的各类现象，梳理规划、组织和实施的工作规律，促进运动竞赛活动全面发展。也就是说，运动竞赛学要全面而深入地解读以下内容。

（1）运动竞赛的起源与发展。

（2）运动竞赛的功能与特点。

（3）运动竞赛原理。

（4）竞赛方法。

（5）运动竞赛体系。

（6）运动竞赛管理。

（7）运动竞赛组织。

运动竞赛学研究的是竞赛活动及实施过程中具有普遍意义的规律和方法，兼具理论性

和实践性，研究过程涉及多种方法。运动竞赛学课程的基本任务在于，使学生掌握运动竞赛方面的基本理论和基本技能，了解有关组织与管理的基本原理与方法，为其参与相关工作打下坚实的基础。学习本课程，学生必须坚持理论联系实际的原则，善于运用运动竞赛理论与方法去分析、解决实际问题，以加深对运动竞赛理论知识的认识。

〇 思考题

1. 什么是运动竞赛？
2. 运动竞赛的构成主要包含哪些要素？
3. 运动竞赛的主要类别有哪些？
4. 运动竞赛有哪些价值？
5. 运动竞赛学主要研究哪些问题？

第二章 运动竞赛方法

○ **本章导读**

　　本章主要对竞赛方法的内涵、原则、类别等进行讨论，以期提高学生对竞赛方法的认知水平。

○ **学习目标**

　　通过本章的学习，学生对竞赛方法有整体性的认识，能了解和掌握竞赛方法的基本内涵、原则、主要类别及其特点，以及优化思路等。

第一节 运动竞赛方法的内涵与原则

一、运动竞赛方法的内涵

运动竞赛是一个完整的竞技过程。运动员在裁判员的主持下，依据统一的规则进行竞技较量，以夺取竞赛胜利、取得优异运动成绩为主要目标。运动成绩是运动员参赛的结果，是根据特定的评定标准对运动员竞技表现的综合评定，既包括运动员赛中表现出来的竞技水平，又包括胜负和名次，涉及的因素多且复杂；因此，运动竞赛需要规划和设计科学的竞赛方法。

正确的方法是人们取得成功的必要条件。竞赛方法是在运动竞赛过程中，为合理比较参赛运动员的竞技水平、公正排定参赛运动员的竞赛名次，所采取的活动方式、程序和手段的总称，直接影响运动成绩。不同运动项目对运动员赛中表现出来的竞技水平有着不同的衡量标准，评定竞赛结果的方法也不相同，但运动竞赛的目标都是合理比较参赛运动员的竞技水平，公正排定参赛运动员的竞赛名次，因此，这对竞赛方法的科学性提出了更高要求。

二、运动竞赛方法的原则

竞赛方法形成于长期的运动竞赛实践活动之中，并随着运动竞赛实践的发展而不断完善。竞赛方法是否科学、合理，不仅能客观反映运动成绩，而且对竞赛组织和运动员竞技水平的发挥产生直接的影响。在竞赛过程中，除运动员的竞技表现备受瞩目外，具体竞赛方法也会受到运动员、教练员的高度关注，运动员竞技状态的调控和竞技表现将会因竞赛方法的不同而存在差异。为了更好地组织运动竞赛，组织者会根据运动项目的特点、比赛的时间与地点、竞赛的目标与规模、参赛的人数，以及裁判员的人数和执裁水平等，设定切合实际的组织形式和竞赛方法。所以说，竞赛方法是全体参赛人员的共同关注点，是运动竞赛的重要组成部分，关系着运动竞赛的顺利进行。设定竞赛方法的基本原则是将其看作一个不可分割的有机整体，主要目标在于确保运动竞赛的公平性、科学性、健康性和可观赏性。

（一）公平性

公平是文明社会的基本标志，也是文明社会的基本追求。作为一种复杂的社会活动，运动竞赛涉及的人员多、社会影响力大。作为一种规范化的竞技活动，运动竞赛必须坚持人人平等，保证人人享有夺取竞赛胜利的同等条件。也只有做到机会均等、公平竞技，运动竞赛才有意义和价值。可以说，公平是运动竞赛的根本原则，也是竞赛方法的灵魂。

竞赛方法直接影响运动成绩，因此要实现竞赛的公平，首先就要保证竞赛方法的公平。只有始终坚守公平意识，以同样的标准进行竞争，保障每名运动员站在同一起跑线上的平等权利，并贯穿于运动竞赛的全过程，才能保证运动竞赛的精彩，促进竞技体育稳定发展，为体育发展奠定坚实的基础。

（二）科学性

竞赛方法应确保在竞赛过程中全面展现运动员的竞技能力，体现运动员的水平差异，实现优胜劣汰，确保竞赛结果的客观性与合理性。所以说，公平性是竞赛的基本起点，科学性是竞赛公平的重要保障。其中，现代科学技术的飞速发展为运动竞赛的科学化发展奠定了坚实的基础，在设计竞赛方法时应广泛运用现代科学技术的最新成果，尽量避免人为主观因素对比赛进程的消极影响。例如，随着现代科技的发展及全面应用，成绩测量与评判的仪器的科学化，保证了评分数据的准确性。例如，足球、篮球等项目的职业比赛往往采用主客场制，参赛队需要在不同的城市之间往返，而往返距离就成了一个很重要的影响因素；在设计竞赛方法时，组织者就需要科学地安排连续轮次的比赛，在保证公平的前提下尽可能减少参赛队在不同城市之间的来回奔波。

（三）健康性

体育运动强调对人身体健康的促进作用，运动竞赛也必须符合体育运动的这一宗旨。竞赛方法的科学设计可以确保参赛运动员在充分发挥竞技水平的同时促进身心健康，进而争取优异的成绩、创造精彩的竞赛。

在竞赛过程中，运动员的身心健康至关重要，因此，运动竞赛的形式和内容以及运动项目的设置要适合运动员的年龄、生理特征等；此外，场地、器材、气象条件等都必须符合安全要求，避免对运动员的身体造成不利影响。

（四）可观赏性

运动竞赛存在和发展的重要条件之一，就是观众作为重要主体的广泛参与；而吸引观众积极参与的重要因素，就是要不断提高竞赛的可观赏性。这就要求在设计专项竞赛方法时突出运动项目的竞技特点，保证竞赛的激烈竞争和对抗；鼓励使用受观众欢迎的高端技术，尽量减少易使观众"疲劳"的单调环节。

第二节　常用的运动竞赛方法

一、常用的运动竞赛方法的类别

不同类型的运动项目，往往会结合项目特点而采用不同的竞赛方法。与此同时，同一个运动项目的不同级别的竞赛，竞赛方法也会有所差别。

目前，在世界范围内开展的运动项目繁多，不同运动项目采用不同的成绩评定方法。表 2-1 为不同运动项目的成绩评定方法，主要包括测量类、评分类、命中类、得分类和制胜类等五大类。

表 2-1　不同运动项目的成绩评定方法

类别	项目
测量类	田径、游泳、速度滑冰、越野滑雪、场地自行车、赛艇、举重
评分类	艺术体操、体操、跳水、花样滑冰、花样游泳
命中类	篮球、足球、手球、水球、曲棍球、冰球
得分类	乒乓球、羽毛球、网球、排球、棒球、垒球
制胜类	摔跤、拳击、柔道

根据组织方式的不同，常用的竞赛方法可以分为争先类方法和对抗类方法。

其中，田径、游泳、举重、越野滑雪等测量类项目以及体操、跳水、花样滑冰等评分类项目的竞赛，主要采用争先类方法。在竞赛中，运动员在不受外界直接干扰的条件下，充分发挥自身能力去"争先"，通过比较完成竞赛的时间、距离、重量等指标来判定优胜并排列名次。从根本上来讲，争先类方法的本质是"竞争"，因此，争先类方法也具有对抗性质，其较量的对象是对所有竞争者来说都一致的客观标准；竞争者彼此之间没有直接的身体对抗，相互之间不能有意地干扰或破坏，竞赛结果主要取决于竞争者自身的竞技能力及其发挥情况。

足球、篮球、冰球等命中类项目，乒乓球、羽毛球、网球等得分类项目，摔跤、拳击、柔道等制胜类项目的竞赛，主要采用对抗类方法。在竞赛中，在机会均等的条件下，运动员通过相对直接的方式进行对抗，参赛双方在互相干扰下争取更高的得分，以胜负来区分高下、选优排名。

需要强调的是，争先类方法和对抗类方法的本质都是"竞争"，都存在"对抗"，只是"竞争"和"对抗"的方式与表现形式不同。

二、争先类方法

（一）争先类方法的竞争要素

在采用争先类方法的竞赛中，运动员主要在距离、时间、重量、分数等方面进行竞争。在竞赛中，竞争参数是通过某种仪器或设备测量而获得的客观数据。运动员的争夺呈现两种不同取向：一种是争取较大值的参数；另一种是争取较小值的参数。表 2-2 为争先类方法分类。

表 2-2　争先类方法分类

序号	关键指标	主要项目的竞争参数	
		取大	取小
1	距离	跳远、跳高、铅球、标枪	射击、射箭
2	时间	航空模型的自由飞行	游泳、速度滑冰、场地自行车
3	重量	举重	—
4	分数	体操、跳水、花样滑冰	马术（障碍赛）

其中，"距离"的竞争可分为"取大"距离竞争和"取小"距离竞争。前者包括跳远、标枪等比较水平距离的项目，以及跳高等比较垂直距离的项目；后者如射击、射箭等项目，其特定距离越小越好，比赛的实质是通过距离体现准确性。

"时间"的竞争可分为"取大"时间竞争和"取小"时间竞争。前者如航空模型的自由飞行项目，时间越长越好；后者如游泳、场地自行车等项目，完成规定距离所用的时间越短越好。

"重量"的竞争主要涉及举重等项目，运动员在比赛中获得重量越大越好。

"分数"的竞争分为"取大"分数竞争和"取小"分数竞争。前者如体操、跳水等项目，获得的分数越多越好；后者如马术（障碍赛）等项目，获得的分数越少越好。

（二）争先类方法的组织方式

争先类项目的竞赛形式较对抗类项目灵活，既可以让运动员依次单独出场，也可以让运动员同时出场较量。

1. 运动员依次单独出场

有些竞赛，运动员须按照一定的顺序依次出场，完成全部竞赛后对比距离、重量等某一个指标，此类方式称为"轮竞制"。例如，在奥运会跳远、铅球、体操、跳水、举重等项目的竞赛中，运动员就是按照设定的顺序，一个一个地完成各个轮次的竞赛。2020 年东京奥运会跳水项目的女子 10 米跳台决赛有 12 名运动员参加，每名运动员要完成 5 个动作。在竞赛中，每名运动员按照规定的顺序先后完成一个动作，称为"一轮"，以此类推，完成 5 轮比赛，并以总分排定最后的名次。在整个竞赛中，运动员是一个一个地出场，依次完成动作，彼此之间没有干扰。表 2-3 为 2020 年东京奥运会跳水项目的女子 10 米跳台前三名运动员得分信息表。

表 2-3　2020 年东京奥运会跳水项目的女子 10 米跳台前三名运动员得分信息表

名次	姓名	国家	第一轮	第二轮	第三轮	第四轮	第五轮	总分
1	全红婵	中国	107B	407C	207C	6243D	5253B	466.20
2	陈芋汐	中国	107B	407C	626C	207C	5253B	425.40
3	伍丽群 （Wu Melissa）	澳大利亚	107B	6243D	305C	407C	5253B	371.40

2. 运动员同时出场

运动员在同一时限内竞争的竞赛，称为"并竞制"，主要包括同行赛、间行赛、并逐赛三种。同行赛是运动员同时出发并展开较量，包括田径中的径赛项目、游泳、速度滑冰等。例如，田径 200 米跑比赛可以分为第一轮（预赛）、第二轮（半决赛）和决赛三个赛次。在第一轮比赛后的各轮比赛中，分组依据主要是运动员前一轮的比赛成绩。间行赛是参赛各方按规定的时间间隔和顺序出发，并展开较量。并逐赛是参赛各方同时登场竞技，在规定的时限内展开较量（如射击比赛等）。

采用争先类方法的竞赛往往不是以一轮比赛决定胜负，而是逐级选出优胜者参加后续轮次的比赛，通过多轮比赛排定名次。争先类方法在轮竞制和并竞制的基础上，逐渐衍生出多轮赛、争先赛等多种方法。例如，铅球、跳远等田赛项目的比赛，一般会进行资格赛和正赛两个阶段的比赛。资格赛阶段根据预先设定的资格标准选拔参加正赛的运动员，达到标准的运动员通过正赛确定优胜者。这些竞赛方法的采用，可以使竞赛过程更加合理、赛程更加紧凑、比赛更具魅力。

（三）争先类方法的主要特点

在采用争先类方法的竞赛中，评定成绩的标准是一个客观存在的、需要特定仪器或工具测量的指标。采用争先类方法的竞赛，可以在测试的客观条件基本一致的前提下，对运动员进行一次或分批次测试；可以使运动员的成绩和排名更加客观和准确。

所以说，在争先类方法的优选过程中，运动员的成绩主要取决于自身竞技能力水平及其发挥情况。比赛名次和成绩的排序相对简单，而仪器或工具的测试结果为排序提供了依据。一般情况下，裁判员固定在一个最有利于观察的位置就能够准确地测量到需要测量的参数。由于运动员之间不能主动地互相干扰，因而裁判员需要判罚的内容相对较少，执法相对简单。

三、对抗类方法

（一）对抗类方法的对抗类别

对抗类方法涉及很多具体的形式。根据参赛运动员的人数，对抗类竞赛可以分为四类，即"个体对抗""偶体对抗""集体对抗"和"团体对抗"。根据对抗双方使用场地的情况，对抗类竞赛又可以分为"同场（格斗）对抗"和"隔场（网）对抗"两种方式。其中，同场（格斗）对抗要求运动员同场交锋、直接对抗；隔场（网）对抗要求赛场均分为两个区域，运动员隔区对垒、隔网对抗，对抗双方运动员之间没有直接的身体接触。对抗类方法分类见表2-4。

表2-4　对抗类方法分类

类别	个体对抗	偶体对抗	集体对抗	团体对抗
同场（格斗）对抗	击剑、拳击、摔跤	—	足球、水球、冰球	击剑团体赛
隔场（网）对抗	网球、乒乓球、羽毛球的单打	网球、乒乓球、羽毛球的双打	排球、藤球	羽毛球、乒乓球的团体赛

在排球、乒乓球、羽毛球、网球、棒球、垒球等运动项目的对抗过程中，运动员通过改变身体姿态来改变球的方向、路线、落点等，以实现自己的目的，并干扰对方。有些球类项目的竞赛，如足球、篮球、手球、水球等项目的竞赛还允许运动员通过身体接触直接干扰对方的动作。格斗类项目则以直接攻击对手而获得分数。

必须说明的是，在现代竞技体育全面发展、专项竞技水平不断提高的背景下，运动员的身体对抗是主要竞技点，但运动员要想取得优异成绩，须具备全面的高水平竞技能力。

（二）对抗类方法的组织方式

对抗类方法是运动员之间的直接较量，名次的产生相对更复杂。因此，对抗类项目的优选过程，主要采用运动员两两捉对的方式，相互之间展开直接对抗。从组织方式来讲，对抗类方法主要包括淘汰赛和循环赛两种最基本的方式。在实践过程中，组织者根据举办赛事的目的和任务、时间、参赛运动员数量、比赛地点及场地器材等条件来选择竞赛的组织形式，形式多种多样，如双循环赛、多循环赛、混合制等。

1.淘汰赛

淘汰赛是将所有运动员排列成一定的比赛顺序，相邻的两名运动员进行比赛，败者淘汰，胜者进入下一轮比赛，直到淘汰至剩下最后一名运动员，获胜的运动员就是这次淘汰赛的冠军，此时比赛全部结束。淘汰赛基本结构见图2-1。

图 2-1 淘汰赛基本结构

为了保证参赛运动员在比赛中机会均等，淘汰赛要求所有参赛运动员的参赛次数相同或者基本相同。所有参赛运动员都参加一场比赛称为"一轮"。淘汰赛"逐轮"进行，第一轮比赛全部结束后，才开始第二轮比赛。

在淘汰赛赛制下，运动员参加一次比赛需要完成的轮次相对较少。运动员数量是 2^n，则比赛轮次为"n"。例如，如果有 16 名运动员参加比赛，则比赛需要进行 4 轮，而竞赛场次比参赛总人数少 1（15 场）。

运动员数量 $=2^n$（n 为轮次数）

场次数 $=2^n-1$（运动员数量 -1）

世界杯足球赛的 16 强比赛采用单淘汰赛赛制，运动队两两竞技，胜者进入下一轮，负者淘汰；运动队依次完成各个轮次的较量，直至最后冠军队伍的产生。图 2-2 为 2018 年俄罗斯世界杯淘汰赛赛程对阵图。

（1）主要优势。

淘汰赛在组织方面具有一定的优势。首先，淘汰赛具有鲜明的对抗性。在比赛中，双方没有任何退让的可能性，每场比赛都要决出胜负，失败就可能失去晋级的资格；比赛逐步向高潮发展，越来越激烈，使得淘汰赛具有极强的吸引力。其次，淘汰赛简单易行，通过较少数量的场次就可以完成参赛人数较多的比赛，是竞赛效率最高的一种方法。这也使得淘汰赛适用于运动员数量大、项目多、场地有限、运动员体力消耗很大的运动竞赛。淘汰赛因其基本属性符合运动竞赛的特点和要求，在对抗类项目的竞赛中得到广泛的应用。

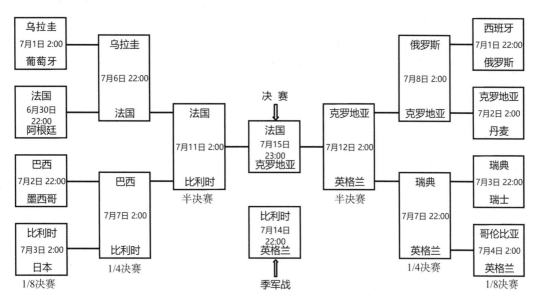

图 2-2 2018 年俄罗斯世界杯淘汰赛赛程对阵图

（2）主要不足及优化措施。

淘汰赛作为一种竞赛方法，在理论上存在着一定的不足，在实践中需要采取一系列的应对措施。

第一，偶然性相对较大。淘汰赛采用的是一种以部分比赛替代全部比赛的竞赛理念，最后的冠军并未同全部参赛运动员进行直接较量，优秀运动员可能因为抽签的原因过早"相遇"而被淘汰，使得最终的名次可能无法全面反映运动员的竞技实力，因此存在相对较大的偶然性。

为了弥补淘汰赛的不足，组织者通常采用设立种子选手的办法。在确定淘汰赛的日程安排前，先确定若干名优秀运动员为种子选手，并按照他们之间竞技水平的高低进行种子排序，将这批种子选手定位于淘汰赛位置表中各个不同的"区"，避免他们在早期的轮次中过早相遇、过早被淘汰。例如，奥运会乒乓球女子单打比赛采用淘汰赛方法，为了保证比赛的公平性，大会组委会根据世界排名选定种子选手。

第二，机遇性相对较强。淘汰赛之所以机遇性强，是其基本属性决定的，是在获得强对抗性及高效率的同时要面对的问题。淘汰赛采用"抽签"的对策，避免主观因素，确保机会均等。当然，淘汰赛的抽签是有前提的，需要先确定种子选手，并按照序号将其在比赛对阵次序中合理分开，推迟相遇时间。在抽签中，组织者既要采用"随机"的办法来适应淘汰赛的强机遇性，确保每名运动员的机会均等；又要用"控制"的办法保证抽签结果的相对确定性，正确处理"随机"和"控制"的基本矛盾，使淘汰赛更加合理、高效。

第三，存在一定的不完整性。淘汰赛要求参赛的运动员数量正好是 2 的某次乘方数，而每次比赛实际参加的运动员数量，未必是 2 的某次乘方数。因此，淘汰赛的竞赛方法在实际应用中表现出不完整性，也就是竞赛方法中设计的人数和实际参加比赛的人数不一致。

这样便不可能保证在淘汰赛的全部比赛中，完全实现每两名运动员之间进行一场比赛。设置"轮空"位置的方法，就是一种有效弥补参赛人数不协调的手段。所谓"轮空"，即某运动员在不经过与另一名运动员角逐的情况下，自动晋升一级，进入下一轮。图2-3为轮空对阵示意图。

图2-3　轮空对阵示意图

2. 循环赛

循环赛是参加比赛的运动员之间轮流比赛，即每一名参赛运动员均与除自己以外的所有参赛运动员轮流比赛，汇总全部场次的比赛结果，并判定竞赛名次。两队之间比赛一轮为"单循环赛"，比赛两轮为"双循环赛"。循环赛基本结构见图2-4。

第一轮	第二轮	第三轮	第四轮	第五轮	第六轮	第七轮
1 VS 8	1 VS 7	1 VS 6	1 VS 5	1 VS 4	1 VS 3	1 VS 2
2 VS 7	8 VS 6	7 VS 5	6 VS 4	5 VS 3	4 VS 2	3 VS 8
3 VS 6	2 VS 5	8 VS 4	7 VS 3	6 VS 2	5 VS 8	4 VS 7
4 VS 5	3 VS 4	2 VS 3	8 VS 2	7 VS 8	6 VS 7	5 VS 6

图2-4　循环赛基本结构

奥运会的排球小组赛采用单循环的比赛方法，6个运动队按照顺序逐一进行比赛，每个运动队分别同其他5个队进行一场比赛，比赛共计5轮。最后按照每个运动队5场比赛的总得分排定最终的比赛名次。循环赛小组对阵情况见表2-5。

表2-5　循环赛小组对阵情况

第一轮	第二轮	第三轮	第四轮	第五轮
1 VS 4	1 VS 6	1 VS 5	1 VS 3	1 VS 2
2 VS 6	4 VS 5	6 VS 3	5 VS 2	3 VS 4
3 VS 5	2 VS 3	4 VS 2	6 VS 4	5 VS 6

（1）主要优势。

循环赛在一定程度上避免了淘汰赛的几点不足。首先，比赛轮次、场次多，比赛结果的偶然性小，能比较准确地反映运动员之间竞技能力的高低，名次相对更加合理。其次，循环赛比赛场次相对较多，为运动员提供了更多互相交流和学习的机会，有利于提高运动员技战术水平。因此，循环赛是一种相对更加公平、合理的竞赛方法，适合运动员数量少、场地充足的比赛。

循环赛的轮次数和场次数相对都比较多。在单循环赛中，运动员数量为偶数时，轮次数目比运动员的数量少1轮；运动员数量为奇数时，运动员数量与轮次数相同。循环赛的场次数为 $n \times (n-1)/2$，n 为运动员数量。例如，如果有10个运动队参加比赛，则需要进行9轮比赛，每轮有5场，一共进行45场比赛。

（2）主要不足及优化措施。

作为一种基本的竞赛方法，循环赛在实践应用中需要解决以下两个问题。

第一，名次计算相对复杂。循环赛计算名次的方法种类多而且比较复杂，运动员的成绩可能受其他参赛运动员比赛结果的影响，确定名次有相对较大的"外部干扰"。组织者应尽量保证运动员数量为偶数，尽可能避免"轮空"，同时确保每场比赛客观真实。

第二，应用局限性相对较大。比赛场次需要根据实际情况控制在合理范围之内。为此可以采用分组、分阶段的方式，按照不同的属性，把参赛运动员分成若干个互不相关、各自独立的小组，并使每个组的运动员减少到合适的数量，由此减少总体的比赛数量。

3. 混合赛

循环赛和淘汰赛是最基本的两种竞赛方法，各有优势，也各有不足；而混合赛是在同一项目比赛中的不同阶段采用不同的竞赛方法，即淘汰赛和循环赛结合的一种竞赛方法。混合赛集中体现淘汰赛和循环赛的优势，既客观反映运动员的真实水平，又让竞赛量大大减少，一般可分为"先循环后淘汰"和"先淘汰后循环"两种类型。竞赛具体选用何种混合赛类型，应根据竞赛的目的与任务、时间长短、运动员多少及场地器材等因素来决定。

（1）先循环后淘汰的方法。

先循环后淘汰的方法将整个竞赛分为两个阶段：第一阶段，将参赛运动员分成若干个小组，分组进行单循环赛；第二阶段，各个小组的优胜者之间进行单淘汰赛，决出部分或全部名次。这种竞赛方法，不仅可以有效地控制竞赛总量，而且能将竞赛在最后阶段逐步推向高潮。

2020年东京奥运会女子篮球比赛共有12个球队参加，采用先分组进行循环赛再进行淘汰赛的竞赛方法。表2-6为2020年东京奥运会女子篮球比赛分组情况。

表2-6　2020年东京奥运会女子篮球比赛分组情况

序号	A 组	B 组	C 组
1	韩国队	尼日利亚队	澳大利亚队
2	塞尔维亚队	日本队	波多黎各队
3	加拿大队	法国队	中国队
4	西班牙队	美国队	比利时队

由表2-6可知，中国队与澳大利亚队、比利时队、波多黎各队分在C组。表2-7为2020年东京奥运会女子篮球比赛C组小组赛对阵情况。在单循环的3场比赛中，中国队分别战胜其他3个队，排名小组第一进入前8名。

表2-7　2020年东京奥运会女子篮球比赛C组小组赛对阵情况

序号	第一轮	第二轮	第三轮
1	澳大利亚队 VS 比利时队	澳大利亚队 VS 中国队	澳大利亚队 VS 波多黎各队
2	波多黎各队 VS 中国队	比利时队 VS 波多黎各队	中国队 VS 比利时队

其后，在八强淘汰赛中，中国队对阵塞尔维亚队，以70∶77惜败对手，最终排名该届奥运会女子篮球比赛的第5名。图2-5为2020年东京奥运会女子篮球比赛淘汰赛对阵情况。

2020年汤姆斯杯羽毛球男子团体赛也采用先循环后淘汰的方法，16个队分成4个小组进行单循环赛，小组前2名出线再进行交叉淘汰赛。其中，中国队同印度队、荷兰队、塔希提岛队分在C组，进行3场小组赛。

（2）先淘汰后循环的方法。

先淘汰后循环的方法分为两个阶段：第一阶段为单淘汰赛，第二阶段为单循环赛。这种竞赛方法既使竞赛排名客观，又让少数优秀运动员有更多的竞赛机会。在参赛人数和队数较多的时候可以先采用单淘汰赛的方法将大多数运动员淘汰，剩下少数的优秀运动员再进行单循环赛。

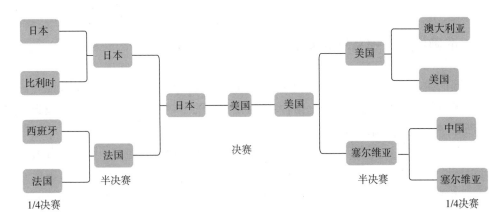

图 2-5　2020 年东京奥运会女子篮球比赛淘汰赛对阵情况

例如，2021—2022 赛季欧洲足球协会联盟（以下简称欧足联）创办全新的"欧洲协会联赛"，共有 100 多个球队报名参加。为了避免竞赛场次过多、占用时间过长的情况，欧洲协会联赛采用先进行淘汰赛再进行分组循环赛的竞赛方法。

（三）对抗类方法的主要特点

对抗类方法的基本思路是竞赛双方的直接对抗，每一场竞赛都是两个队或两名运动员参赛，双方互为标准、直接比较。因此，整个竞赛必须一场一场地进行，这就导致了竞赛轮次和场次过多，时间、气候等一系列竞赛条件的不一致随之而来。如果采用减少竞赛总场次和每名运动员竞赛次数的方式，又会导致竞赛偶然性强等问题，为竞赛公平带来一系列问题。

总之，争先类方法与对抗类方法各具特点，从不同角度深刻认识和理解两类竞赛方法的特点，有助于在竞赛中正确地把握竞赛方法，合理组织竞赛活动。需要说明的是，目前体育运动飞速发展，各类运动竞赛开展广泛，竞赛方法受制于竞赛形式，而竞赛形式取决于竞赛的性质，争先类与对抗类的竞赛方法在形式上有明显的区别，要针对不同运动项目和竞赛的特点，结合每次竞赛的具体目标、参赛运动员及比赛条件，灵活地运用各种竞赛方法，以达到最佳的效果。

第三节　运动竞赛方法的优化思路

目前世界上广泛开展的运动项目很多，各个运动项目在长期的发展实践中逐步形成了自己的竞赛方法。而专项竞赛方法是为解决竞赛过程的矛盾，更好地实现运动竞赛的目标而产生和发展的，并且会结合运动项目的发展需求而不断地优化和完善。竞赛方法在优化的实践过程中，主要体现出以下几个方面的趋势。

一、准确比较专项竞技能力

在不同的竞赛方法之下，不同运动项目的比赛需要运动员具备不同的竞技能力，对运动员的主导竞技能力有不同的要求。例如，田径项目的100米要求运动员具备较强的速度能力，而10 000米则要求运动员具备强大的耐力。

由于不同运动项目要求运动员具备的竞技能力有所差别，因而专项特征随着项目的发展日益鲜明。管理者在调整和完善竞赛方法的过程中，会重点考虑如何更好地展现专项竞技魅力，并通过评分标准、排名细则等条款的定向设计，突出专项竞技能力的重要性，强化在竞赛中比较运动员的专项竞技能力，由此进一步突出本项目竞赛的专项特点与独特吸引力，促进运动项目的全面发展。

运动项目按竞技能力主导因素的分类见表2-8。

表2-8 运动项目按竞技能力主导因素的分类

大类	亚类		主要项目
体能主导类	快速力量		跳跃、投掷、举重
	速度性		短距离跑（100米、200米、400米）
			短距离游泳（50米、100米）
			短距离速度滑冰（500米）
			短距离场地自行车
	耐力性		中长距离走、跑
			中长距离游泳
			中长距离公路自行车、划船
技能主导类	表现	准确性	射击、射箭、弓弩
		难美性	体操、艺术体操、跳水、花样滑冰、花样游泳、武术（套路）、自由式滑雪
技战能主导类	对抗	隔网	乒乓球、网球、羽毛球、排球
		同场	足球、手球、冰球、水球、曲棍球、篮球
		格斗	摔跤、柔道、拳击、击剑、武术（散打）

二、确保参赛各方机会均等

任何一个运动竞赛项目，参加竞赛的各方在竞赛中应获得机会均等的竞技条件，这是运动竞赛最基本的，也是必要的条件和前提；只有在机会均等基础上的竞赛才是公正的、合理的，才是有意义的。在竞赛中，机会均等的条件应该包括两个方面的含义：其一，规则的内容适用于参赛各方，规则对发生同样问题的判定原则应是完全一致的；其二，裁判员执行规则的尺度完全一致，不因运动员级别的高低而有所不同。特别是对于一些较难掌握尺度的情况，如对足球的阻挡犯规、篮球的阻挡犯规、排球的持球犯规、乒乓球的发球犯规等的判罚更要严格注意，不仅同一裁判员对双方的判罚尺度要一致，不同裁判员之间的判罚尺度也要一致，特别要消除一种误解，即"只要对双方一致，对双方都严一点或都松一点，就是机会均等，就是公平、合理的"。只有建立在符合规则规定的基础上的一致，才是机会均等，才是公平合理。只有准确地掌握了规则尺度，规则尺度的一致才是有意义的。

值得关注的是，竞赛的公平是相对的，要做到绝对的公平是不可能的。尤其是在对抗类的竞赛中，竞赛双方直接制约、一场一场进行，要实现这个基本要求会更复杂。面对淘汰赛、循环赛等方法无法消除的机遇性，用抽签的办法确保在机会面前人人均等，面对在竞赛秩序和竞赛条件上的这些差异，通过竞赛方法的正确选择及科学、合理的抽签和编排等竞赛技术的运用，可以使参加一次竞赛的各方尽量处于机会均等、同等条件下进行比赛，这也是组织者在设计竞赛方法时重点考虑的思路之一。

三、全面反映运动员竞技水平

一次竞赛的结果，运动员成绩的排序，应该基本符合运动员的竞技水平及其发挥情况，这同样是组织竞赛基本的和必要的前提。在众多的体育竞赛项目中，有很多项目实施机会均等与竞赛结果合理性相统一的原则。然而，在对抗类竞赛中，有时采取一部分竞赛取代全部竞赛的办法，可能出现不合理性和偶然性。在这样的条件下，竞赛就不能片面强调保证各参赛运动员的机会均等，否则将加剧竞赛的不合理性。例如，在人数众多的乒乓球、羽毛球项目的单项淘汰赛中，如果为了使全体参赛运动员人人机会均等而采用无条件的随机抽签定位，将使整个竞赛失去意义。而在竞赛中种子队和种子选手的设立，则可以使竞赛的结果更好地反映运动员的竞技水平，达到竞赛合理的目的。

所以说，参赛运动员在竞赛中应获得机会均等的条件这一原则，不应该被绝对化，而应该是相对的。或者说，竞赛的各方应该在机会相对均等的条件下进行竞赛。

四、适度保留结果的不确定性

竞赛结果出现某些意想不到的"意外"，从某种意义上讲是运动竞赛生动性的反映。其实，在保证公平的基础上，适当增加竞赛的不确定性可以使竞赛更加具有观赏性和吸引力。

运动竞赛成绩是运动员的基本技术、战术素养、身体素质、意志品质、心理素质、应变能力，以及天时地利、裁判员、观众及偶然因素共同作用的综合结果。决定竞赛成绩的因素包括运动员自身表现、对手状况和评判行为，其中，运动员自身表现和对手状况包括竞技水平、临场发挥，而评判行为则包括竞赛规则、评定手段、裁判员执裁水平。在众多因素中，只有运动员自身表现在一定程度上是可控的，对手状态和评判行为存在一定的不可控因素，因此必须正视和承认"机遇"的作用。

尽管竞赛方法明确提出竞赛结果应该符合运动员技术水平的基本原则，但是人们不能也不应该在竞赛结果和竞技水平之间画等号，不能要求竞赛方法必须绝对合理，认为出了"意外"就是竞赛方法不合理。这里有个"度"的问题，把握好这个度是非常重要的。其实，竞赛结果不会也不应该是运动员竞技水平的简单复制。在影响运动成绩的各种因素面前，很难对运动员的技术水平进行完全确切的评估，对竞赛结果的预测也更加困难。如果竞赛结果都在意料之中，观众对竞赛结局的关注就会降低，竞赛的吸引力也会下降。所以说，竞赛的成绩和竞技水平存在某些不一致，从某种意义上是竞赛生动性和吸引力的体现，同时也促使运动员不管技术水平高低，都会去争取比较好的成绩；这样的竞赛才有可能表现出充分的竞争性，有"悬念"的竞赛才更有吸引力。

思考题

1. 运动竞赛方法的原则主要有哪些？
2. 争先类方法的主要特点是什么？
3. 对抗类方法的主要特点是什么？
4. 运动竞赛方法的发展趋势主要有哪些？

第三章　运动竞赛体系

本章主要讨论运动竞赛的体系化发展，重点分析运动竞赛体系的关键要素、重要意义、发展趋势等。

学习目标

通过本章的学习，学生初步掌握运动竞赛体系的内涵、关键要素，了解构建运动竞赛体系的意义及主要发展趋势等。

在现代体育的发展构架中，运动竞赛是竞技体育重要的基础性部分，集中展示运动项目的竞技魅力。为了实现运动竞赛的长期稳定发展，举办运动竞赛，满足不同人群的多层级需求，需要对各类竞赛进行多层级的设计。而随着世界竞技体育的不断发展，各个运动项目的竞赛不断完善，不同类型、不同级别、不同项目的竞赛，共同发展并构成世界范围的体系化竞赛，形成构架均衡、互相依存的竞赛体系。其中，单项竞赛与综合性运动会的协同发展、相关管理组织之间的协同发展至关重要。

第一节 运动竞赛体系的关键要素

随着现代社会的进步，体育在全世界有了更为快速的发展。其中，竞技体育是人员高度聚集、具有高度社会性的人类实践活动，运动竞赛则是竞技体育发展体系中最典型、最有活力的组成部分。为了不断提升自身价值与社会效益，各个运动项目都在举办不同类型、不同层级的专项竞赛，着力促进项目的全面发展。经过多年的努力，各个运动项目的高水平竞赛得到一步步的优化；各种类型、各种层级的运动竞赛，逐渐形成相对稳定、比较成熟的运动竞赛体系，满足不同人群的各类需求，成为世界体育全面发展的重要基础条件。

运动竞赛体系是指由不同类型、不同层级的竞赛组合而成的系统化竞赛体系。竞技体育的发展经验证明，竞赛体系和训练体系是运动项目的两个基本体系，建立符合竞技发展规律的运动竞赛体系，对于各个运动项目的长期、持续发展具有重要的基础性意义。运动竞赛体系涉及很多构成要素，包括竞赛的数量与层级、竞赛的积分与排名、竞赛的区域分布与时间安排、竞赛目标、管理构架、组织结构、规章制度、竞赛资源等。其中，构建运动竞赛体系需要重点关注三个关键要素，即竞赛的数量与层级、竞赛的积分与排名、竞赛的区域分布与时间安排（图3-1）。

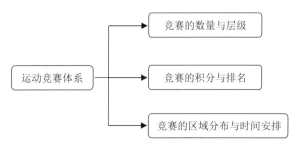

图3-1 运动竞赛体系的关键要素

一、竞赛的数量与层级

为适应时代的发展需求，各个运动项目每年会结合专项特点及客观的竞赛条件，组织不同类型的竞赛。为了加强管理，取得更大的效益，管理者会将各类竞赛划分为不同的级别，而不同级别的竞赛即是运动竞赛体系的基本构成要素。

目前，不同类型的运动项目，整体发展的水平不同，运动员要参加的年度竞赛数量也各有不同。其中，足球、篮球、网球等职业化发展水平比较高的项目，以及田径、游泳等普及程度很高的项目，每年安排的高水平竞赛很多。例如，美国职业篮球联赛的运动员一年要参加 82 场常规赛，欧洲顶尖足球俱乐部的运动员一年要参加 60 ~ 70 场各种类型的高对抗竞赛；而像跳水、跆拳道等项目，运动员一年参加正式的高水平比赛比较少，训练的时间相对较多。

在此基础上，为了加强对各种类型竞赛的管理，相关管理机构会对竞赛进行分级、分类管理。例如，管理各个运动项目在世界范围内发展的国际单项体育组织，会结合各自项目的发展需求，根据竞赛的重要性、竞赛的类别、运动员的竞技水平等因素，把竞赛分为不同的级别。其中，高级别的竞赛在项目发展体系中具有重要地位，竞赛奖金及运动员赢得竞赛后所获得的积分等也更高。此类竞赛对优秀运动员具有更大的吸引力。

例如，国际田径联合会（以下简称国际田联）在世界范围设立"黄金联赛"，其后又改制为"钻石联赛"。该项赛事因运动员的竞技水平高、竞争激烈，竞赛场面精彩、关注度高，运动员取胜后获得的奖金也高，从而受到参赛各方的普遍重视，在田径项目的世界竞赛体系中占有重要的地位。而对于网球项目来讲，澳大利亚网球公开赛、法国网球公开赛、温布尔登网球公开赛、美国网球公开赛是世界网球职业联盟最高级别的竞赛，赢得冠军的运动员除了获得丰厚的奖金，还可以获得 2 000 分的年度积分，而这个积分在很大程度上会影响运动员的总积分和排名，进而会影响下一次竞赛的抽签，由此也就充分体现了这类竞赛的重要性。也正是由于这个原因，各个运动项目的管理机构都非常重视运动竞赛的分级设定与专门组织。例如，国际乒乓球联合会（以下简称国际乒联）的竞赛充分考虑了分级设置，整体化、分层次的专项竞赛特点非常明显。表 3-1 为国际乒联竞赛层级。

表 3-1　国际乒联的竞赛层级

层级	成年组	U21 组	U18 组	U15 组
一	奥运会、世界锦标赛（单打和团体）	巡回赛白金赛事	青年奥林匹克运动会、世青赛	世界少年挑战赛
二	世界杯、巡回赛决赛	巡回赛	青少年巡回赛决赛、洲际青少年锦标赛	洲际青少年锦标赛
三	巡回赛白金赛事	洲际锦标赛	青少年巡回赛黄金系列	青少年巡回赛黄金系列
四	巡回赛洲际锦标赛、杯赛	国际乒联挑战赛	青少年巡回赛高级系列	青少年巡回赛高级系列
五	洲际运动会	洲际比赛	青少年巡回赛普通系列	青少年巡回赛普通系列
六	国际乒联挑战赛	综合性运动会	综合性运动会	综合性运动会
七	综合性运动会	地区比赛、国际公开赛	地区比赛、国际公开赛	地区比赛、国际公开赛
八	地区比赛、国际公开赛	—	—	—

二、竞赛的积分与排名

为了确保专项竞赛的整体性，管理者往往会通过设立年度积分、排名的方式，把各级各类竞赛紧密地联系在一起，着力构建相对稳定的专项竞赛体系，以更好地管理高水平运动员。例如，很多项目（如网球、羽毛球、高尔夫球、排球等）设立运动员的年度积分与排名体系，在设定年度（赛季）竞赛数量和级别的基础上，对不同类型和不同级别的竞赛设定相应的积分；在此基础上，根据运动员在相关竞赛中的名次和得分，计算年度总积分并进行排名。

成熟的积分排名体系可以全面反映运动员的竞技实力，在重要竞赛中作为编制竞赛文件的主要依据，也是确定奥运会等综合性运动会参赛资格的重要依据，对项目发展具有重要的促进作用。所以说，积分排名制的实行与竞赛挂钩，运动员积分和排名情况直接决定其参加重大赛事的资格，还会影响运动员参加竞赛时的轮次、遇到的对手乃至竞赛的成绩，这既能够督促运动员认真参加每一场竞赛，又能够促进单项运动整体水平的提高。

表3-2是在某个运动项目不同层次的竞赛中，运动员获得相应名次所对应的分数。由此可以看出，不同级别的竞赛、不同的名次，对应不同的积分。其中，五级竞赛的冠军积分，与·级竞赛的十六强积分大致相当，这充分体现了比赛级别的重要性。由此也要求教练员与运动员科学安排年度的训练和参赛计划，确保运动员以良好的竞技状态参加重大竞赛。

表3-2　比赛名次与所获积分　　　　　　　　　　　　　　　单位：分

级别	冠军	亚军	四强	八强	十六强
一级	12 000	10 200	8 400	6 600	4 800
二级	11 000	9 350	7 700	6 050	4 320
三级	9 200	7 800	6 420	5 040	3 600
四级	7 000	5 950	4 900	3 850	2 720
五级	5 000	4 250	3 500	2 750	1 920

三、竞赛的区域分布与时间安排

高水平竞赛集中展示运动项目的竞技魅力，举办精彩的竞赛已成为推广运动项目的重要手段之一。由于各个运动项目都希望在世界范围广泛开展，在重大竞赛数量有限的情况下，管理者会充分考虑各个运动项目的特点，有重点地均衡发展，制订计划时会把重要的竞赛合理安排在不同的地点：一方面，要保证重要竞赛的基础办赛条件，确保竞赛的精彩度和吸引力；另一方面，要考虑举办城市和国家的覆盖面，在顺利举办竞赛的同时，有效推广和宣传运动项目。从这个角度来讲，一个运动项目的重大竞赛的举办地，可以在一定程度上反映该项目在世界范围的区域发展状况。

以羽毛球项目为例，世界最高水平的运动员集中在亚洲和欧洲，因此重要的年度竞赛也大多在亚洲和欧洲举行并已形成传统，尤其是亚洲举办的高水平竞赛占比很高，其举办重要竞赛的国家也最多。在此基础上，羽毛球项目要实现长期、稳定的发展，全面提高在世界范围的普及程度至关重要，而重要竞赛的覆盖地域就是一个关键因素，需要重点关注。图 3-2 为高层级竞赛的举办地洲际分布比例。

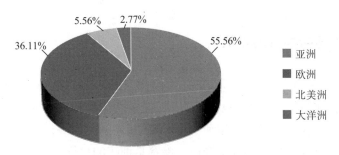

图 3-2　高层级竞赛的举办地洲际分布比例

训练与参赛是优秀运动员年度竞技过程的主要组成部分，二者之间的协同作用直接影响运动员的竞技状态，进而也会决定其竞赛的竞技水平。因此，在制订竞赛计划时，管理者会特别重视竞赛的举办时间，在尽量保证不同时期都有精彩的竞赛的同时，也要为运动员参加系列的重要竞赛留出足够的准备时间。由于每个项目的竞技特点不同，准备一次重大竞赛所需要的时间也是因项目而异，由此也就逐渐形成了各个运动项目重要比赛日期安排的惯例。

第二节　构建运动竞赛体系的意义

在世界体育快速发展的背景下，系统建立构架合理、相对稳定的专项竞赛体系，是现代竞技体育发展的关键问题之一。这对各个运动项目的长期、持续、健康发展具有十分重要的意义。

一、搭建项目发展平台

运动项目需要通过高水平竞赛来展现其特点与独特魅力。为了促进运动项目的全面发展，管理者会系统设立不同类别、不同级别的竞赛，充分挖掘项目的专项竞技魅力。在这个过程中，科学构建专项竞赛体系至关重要。一方面，科学的专项竞赛体系有助于有效地协调各项竞赛之间的关系，以及各个国家、各个组织的利益，使其形成紧密关联、共同发展的有机整体，从而为运动项目发展提供重要的基础条件；另一方面，可以吸引更多的优秀运动员和观众参与到运动项目之中，为运动项目的持续发展提供有利条件。

所以说，一个运动项目能否在全世界内广泛开展并持续发展，完善的竞赛体系至关重要。尤其对于一些新兴运动项目及奥运会设项之外的小众运动项目而言，只有不断完善自己的竞赛体系，适当增加年度竞赛数量，不断提高竞赛的观赏效果，争取在更多的国家及地区开展，才能培养出更高水平的运动员，创造更多的社会价值，进而形成长期的良性循环，使运动项目得到全面发展。

二、协调训练与参赛的矛盾

高质量的竞技训练可以有效提升运动员的竞技能力，是打造精品赛事的重要基础；而体系完善、方法合理的专项竞赛，也为运动员竞技能力的快速提升创造了良好的基础条件。二者之间的辩证统一关系，是促进运动项目发展的重要动力之一。

对于长期参加竞技训练的运动员来讲，参赛是训练的目标，而训练与参赛之间也存在时间安排方面的矛盾。近年来，随着竞技体育事业的全面发展，举办高水平竞赛的需求逐渐增多，这从客观上要求优秀运动员参加更多的竞赛，导致其专项训练时间相对减少，由此也使得训练与参赛之间时间安排的矛盾日益明显。为了解决这个矛盾，管理者应紧紧抓住运动项目的专项竞技特点，逐步优化专项竞赛体系，有序调整竞赛安排，充分利用好有限的时间，有效协调专项训练与参赛之间的关系。其基本原则就是在"多赛制"的大环境下，合理安排不同竞赛的具体时间，以及重大竞赛的时间间隔，在大赛前确保运动员的有效训练时间，从而保证运动员在世界重大竞赛中可以保持良好的竞技状态，展现优异的竞技水平。

图3-3是某奥运会项目连续两年的高级别竞赛安排。其中，第一年的首场高级别竞赛距离前一年赛季结束只有大概两周的时间。对于参加了一年高强度竞赛的运动员来讲，仅仅20多天的时间无法让其真正完成赛后调整、恢复及能量积聚的任务，很难调整到最佳状态，对训练也会产生不利的影响。

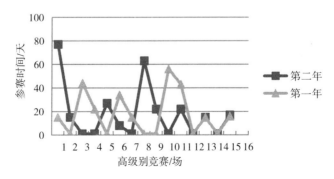

图3-3 某奥运会项目连续两年的高级别竞赛安排

项目的管理者充分考虑了这个问题，通过竞赛日期的调整，有效解决了这个问题。可以发现，通过调整第二年的竞赛日期，运动员在三月初才面临第一场重大竞赛，两个多月的时间可以有效保证运动员完成基础训练，并调整好竞技状态，从而很好地协调了训练和参赛之间的关系。所以说，对运动竞赛体系的优化与调整，可以提升运动员训练的有效性，保证运动员的竞技状态。这也是完善专项竞赛体系的目标之一。

三、促进竞技水平持续提高

随着世界体育事业的快速发展，竞技体育的整体水平更高、竞争更加激烈，对运动员的竞技能力提出了更加全面的新要求。要想在竞赛中取得优异成绩，运动员必须长期、持续地参加竞技训练，全面发展专项竞技能力与参赛表现能力；在此基础上，还需要不断地参加专项竞赛，通过高水平较量，实现专项能力的不断整合与提升。

为了促进运动项目竞技水平的整体提升，每个项目的管理者都在不断优化该项目的竞赛体系，为运动员提供良好的竞赛环境，在展示项目魅力的同时检验运动员的训练成效，通过合理、有序的竞赛设计与整体安排来促进运动员竞技水平的提高。

以足球项目为例，国家队之间的国际竞赛与职业俱乐部之间的职业竞赛是年度竞赛的主体，二者紧密关联又存在相互竞争的关系。由于足球职业化水平很高，世界各国的优秀运动员基本上都在欧洲的顶尖俱乐部效力，在一年中主要参加俱乐部的各类职业联赛和杯赛等。与此同时，这些优秀运动员作为各个国家队的中坚力量，又要参加国家队的年度竞赛。由于足球竞赛的数量多、一场竞赛的能量消耗大，运动员每年的参赛负担都比较重，使得有些时候运动员很难兼顾俱乐部的竞赛与国家队的竞赛。

为此，国际足球联合会（以下简称国际足联）同各大洲足球联合会及各个国家职业联盟在充分沟通的基础上，制定了关于优秀运动员参加国家队竞赛的相关规定；相关管理机构在设定年度的竞赛计划时，选定特别的时间作为国家队竞赛日，国际竞赛均安排在这些时段，俱乐部必须同意运动员参加国家队的集训和竞赛。而在举办世界杯和洲际杯赛的年份，为了保证运动员有足够的时间到国家队参加集训，相关国家的职业联盟也都相应地提前结束本国的职业联赛，以便给运动员留出更多的准备时间。

此外，为了促进本地区足球项目的发展，增加各国强队俱乐部之间的交流与竞争，欧足联重新整合了俱乐部赛事，形成了欧洲冠军联赛、欧洲联赛和欧洲协会联赛三级赛事体系。根据各国俱乐部的整体实力和前期表现，设定相对稳定又动态调整的各国参赛名额，有效增加了各个顶级俱乐部之间的交流，也为一些中等俱乐部提供了更多与顶级俱乐部的竞赛机会，从而提高了整个欧洲俱乐部的实力和足球运动员的整体竞技水平。

第三节　运动竞赛体系的发展趋势

经过多年的发展，目前世界上的主要体育竞赛已经渐成体系，最具代表性的是正式的国际竞赛和各个运动项目的职业竞赛。其中，国际竞赛主要包括奥运会等综合性运动会，以及世界锦标赛、世界杯（系列赛）等单项世界竞赛。此外，足球、篮球、网球、冰球等项目的职业化程度很高，一个国家（地区）的职业联赛已经成为各个单项竞赛体系中非常重要的组成部分，由此也使得现代竞技体育运动竞赛体系具有了多重层次性。由于不同项目采用不同的竞赛方法，具有不同的竞技特征，所以专项竞赛体系也具有不同的特征。

一、更加强调竞赛的整体性

运动竞赛是竞技体育发展的基础构架之一，承载着促进运动项目发展的多重功能。目前，各个运动项目在设置专项竞赛时，都会充分考虑不同类型、不同水平运动员的参赛需求，充分考虑观众的各种需求，紧密协调各项竞赛之间的关系，建立起衔接紧密、结构严谨的竞赛体系，力求组成具有多层次结构、紧密联系的系列化竞赛。随着现代运动竞赛体系的发展，专项竞赛体系更强调竞赛设置的系统性，体现出典型的整体性与层次性特征。

例如，足球、篮球等项目发展成熟，已经建立了系统的竞赛体系。国际足联设立了U20和U17的青年竞赛，而奥运会男子足球赛限定运动员的年龄在23岁以下，由此足球项目构建了有序的多年龄组竞赛结构，引导运动员根据自己的水平和级别参赛，不断提升自己的竞技水平。

二、更加强调区域间的协调发展

竞技体育项目的发展，各自有着特定的历史进程，具有比较明显的区域发展特征。一般来讲，竞技实力强的地区，专项竞赛的历史更加悠久、组织更加成熟，吸引力也更大，进而举办高级别竞赛的机会也更多。由此，各个运动项目的世界重大竞赛，更多的是在该项目发展水平比较高的地区举行，并经过长时间的文化积淀而形成了经典的竞赛，如网球的四大公开赛、羽毛球的全英公开赛、高尔夫球的大师赛等。

近年来，为了实现运动项目的持续发展，各个运动项目都在推进其在世界范围内的广泛开展，而把重大竞赛放在这些地区举办是一个非常有效的措施。以足球项目为例，世界杯是世界上规格和竞技水平最高、最具知名度的足球竞赛，举办世界杯是一个国家足球项目发展的重要标志之一。由于足球项目领先的国家，目前获得世界杯冠、亚军的国家都来自欧洲和南美洲，因此过去已经举办的22届世界杯赛，举办地主要在欧洲和南美洲。为了推进足球项目的进一步发展，国际足联也非常重视在亚洲、非洲等地区举办重大竞赛，相继在亚洲（韩国和日本，2002 年；卡塔尔，2022 年）和非洲（南非，2010 年）举办了世界杯，此举就是为了推动足球项目在亚洲和非洲的进一步发展。

所以说，竞技体育项目的长期发展，需要在世界范围内广泛开展，也需要在更多国家举办高水平的竞赛。这就需要管理者切实优化专项竞赛的区域格局，在开展相对落后的国家和地区举办更多高水平、高层级的竞赛，逐步实现竞赛体系中高水平竞赛分布的均衡化，进而促进世界范围专项竞技格局的均衡化。

三、更加重视单项竞赛与综合性运动会的协同发展

以奥运会为代表的综合性运动会由多个运动项目的竞赛构成，搭建了一个有几十亿各类观众的竞赛平台，可以有效地宣传运动项目和促进运动项目的发展。奥运会竞赛工作的成功，从根本上讲是建立在各单项竞赛成功的基础之上的。因此，规划奥运会等综合性运动会的组织工作，应特别强调突出各个专项竞赛的个性化竞技特征，充分尊重各个运动项目竞赛工作的技术性需求，由此保证各个运动项目竞赛的精彩性。

此外，在设立本项目分级竞赛的基础上，越来越多的运动项目着力建立本项目运动员的积分排名体系，在世界范围内提供一个系统性的运动员能力水平评定标准，这为进一步优化各级竞赛的设计提供了基本的依据。目前，很多运动项目的奥运会参赛资格体系，都会参照运动员的世界排名进行选拔；由此，通过世界排名体系，也把奥运周期里的单项竞赛同奥运会紧密联系在一起。与此同时，还有一些运动项目的世界单项重大竞赛，直接与奥运会关联，像皮划艇、赛艇、排球等项目的世界锦标赛都是奥运会的资格赛，如中国国家女子排球队也是通过在 2015 年女子排球世界杯赛中取得冠军而获得 2016 年里约奥运会的参赛资格，并最终获得奥运会的冠军。

四、更加重视管理机构之间的合作

随着竞技体育的发展，现代运动竞赛的复杂程度越来越高。要想办好竞赛，往往涉及多方面的合作，而各个相关管理机构之间的紧密协同，对运动竞赛发展具有非常重要的意义。

以奥运会为例，要想把竞赛的影响力扩大，则需规模扩大，而规模扩大，运动项目就要多，但是运动项目越多，办赛难度就越大。2008 年北京奥运会共设 28 个大项 302 个小项；而 2020 年东京奥运会共设 33 个大项 339 个小项，办赛规模很大，组织协调工作复杂。

每个运动项目在世界范围内都有一个公认的管理机构。例如，田径有国际田联，足球有国际足联。由于奥运会的运动项目比较多，国际奥委会很难把所有的事情都办好，因此就有了合作需求，此时合作模式就出现了。

也就是说，在举办奥运会的时候，国际奥委会负责奥运会的整体设计，但是某一个运

动项目的竞赛细节则是由国际单项体育组织负责的。例如，奥运会的游泳竞赛必须符合国际奥委会对奥运会竞赛工作的基本规定；但同时在奥运会游泳竞赛过程之中，所有的竞赛细节更多的是由国际游泳联合会（以下简称国际泳联）确定的。毕竟就游泳这个项目竞赛而言，国际泳联更专业。所以，在举办奥运会的时候，国际奥委会和国际单项体育组织之间的协作非常关键。此外，每个国家都有一个奥林匹克委员会（以下简称奥委会）。每个国家会有一个代表团，这个代表团是由这个国家的奥委会来组织的，如中国代表团就是由中国奥委会来组织的。所以，在现代奥运会的组织体系里面，国际奥委会、国际单项体育组织和国家奥委会之间的协作至关重要。第一，国际奥委会要构建一个整体的架构。第二，国际单项体育组织要确定每一个运动项目的竞赛细节。例如，采用什么样的报名标准是由国际单项体育组织来确定的。第三，国家奥委会是奥林匹克各种活动的直接承担者。

> 我们应该弘扬奥林匹克运动精神，团结应对国际社会共同挑战，践行真正的多边主义，共同建设和谐合作的国际大家庭。我们应该践行奥林匹克运动宗旨，持续推动人类进步事业，坚守和平、发展、公平、正义、民主、自由的全人类共同价值，促进不同文明交流互鉴，共同构建人类命运共同体。
> ——2022 年 2 月 5 日，习近平主席设宴欢迎出席北京 2022 年冬奥会开幕式的国际贵宾时发表的致辞

○ 思考题

1. 运动竞赛体系包括哪些关键要素？
2. 构建运动竞赛体系的意义有哪些？
3. 运动竞赛体系的发展趋势如何？

第四章　运动竞赛管理

本章导读

　　本章主要讨论现代运动竞赛管理的目标、原则、主要工作，以及国内、国际运动竞赛管理体制等。

学习目标

　　通过本章的学习，学生能掌握现代运动竞赛管理的目标与内容，了解国内、国际运动竞赛管理体制特点，等等。

第一节 运动竞赛管理的目标与原则

一、运动竞赛管理的目标

管理是各类组织为了实现目标而进行的协调活动，以"人"为中心，主要涉及计划、组织、控制、评估等。管理目标则是一个组织通过决策和行动争取达到的预期目的。

运动竞赛管理是在一定环境下，通过有目的的计划、组织、领导和控制，保证竞赛工作顺利开展并达成预期目标的管理活动。作为体育的核心组成部分，运动竞赛管理的目标在于按照相关体育组织的规定，规范、管理和监督各类运动竞赛，形成以政府体育主管部门及行业协会等社会组织为主的运动竞赛分级治理体系，实现竞技体育、体育文化和体育产业发展等方面的综合功能与多元价值。具体来讲，运动竞赛管理的基本任务主要包括六项。

（1）设立运动竞赛管理的机构，确定权限划分。

（2）制定运动竞赛计划与技术标准。

（3）确定符合相关标准的竞赛和训练场馆。

（4）根据体育事业发展需求，确定和优化运动项目设置。

（5）根据相关规定选派裁判员参与运动竞赛执裁。

（6）规范和管理运动竞赛的文化宣传、服务保障、反兴奋剂、市场开发和监督等工作。

二、运动竞赛管理的原则

管理原则是组织活动的一般规律的体现。运动竞赛管理的原则主要涉及以下几个方面。

（一）人本原则

1. 人本原则的基本内涵

"人本"就是以人为根本。人本原则就是"以人为中心"，是指在运动竞赛管理过程中确立的一系列"以人为中心"、以满足人的合理需求为目标的管理理论与管理实践的总称。运动竞赛是人群高度聚集的活动。人是运动竞赛活动的第一要素。管理对象的全部要素，以及整个管理过程都需要人去掌握和推动，人的问题从来都是运动竞赛管理的根本问题。因此，人本原则是现代运动竞赛管理中最主要的原则。随着社会不断发展，人的价值不断提升，运动竞赛更加强调人本原则。

运动竞赛管理活动倡导以人为本，在竞赛过程中重视人的作用、尊重人的价值、满足人的需求，把"人"作为运动竞赛管理活动的核心和运动竞赛管理组织最重要的资源，以调动人的积极性、主动性和创造性并以挖掘人的潜能为根本，围绕充分开发和利用人力资源而展开，以求同时实现组织目标和组织成员的个人目标。

总之，运动竞赛管理同一切管理活动一样，采用"以人为中心"的管理方式。运动竞赛管理者要主动建立和发展同竞赛参与人群的信赖关系，调动组织成员的工作热情，提供成长与发展的机会，引导成员配合管理者实现共同目标。

2. 人本原则的实现途径

人本原则要求运动竞赛的管理者把处理组织内部人际关系的工作放在首位，把管理工作的重点放在激发被管理者的积极性和创造性上，努力为满足被管理者自我实现的需求创造条件。具体地说，人本原则实现途径需要注意以下三个方面。

第一，确立组织成员的主体地位。管理者要坚持以组织成员为主体，强调平等、互助、关爱、尊重，把管理工作的重心放在组织成员的积极性、主动性和创造性的调动与发挥上。

第二，制定满足成员需求的目标。管理者要重点关注组织成员的需求，满足合理需求，引导其选择适合的社会角色，提供最佳发展条件，使社会、组织和成员个人的目标体系相互促进、协调发展。

第三，设计为人服务的管理模式。管理者应坚持"以人为中心"，充分重视为组织成员服务，加强教育培训，创造良好工作条件，充分尊重劳动，客观、公正地评价工作。

（二）系统原则

1. 系统原则的基本内涵

系统原则，即系统的每一个要素彼此关联。管理者要从运动竞赛管理系统的整体出发，对运动竞赛管理对象的各种要素及其相互关系进行全面的分析，从而更好地实现管理目标。因此，对于以分工与协作为基本特征的运动竞赛管理而言，要从系统的角度出发去制定运动竞赛管理目标和措施，在科学、合理分工的基础上进行总体的协调，保证管理目标的顺利实现。

2. 系统原则的实现途径

在运动竞赛管理活动中，管理者要拥有系统的观点，并在管理工作中运用系统的方法指导管理活动。具体地说，系统原则实现途径需要注意以下三个方面。

第一，全面分析管理对象。运动竞赛具有典型的复杂性特征。在管理实践中，管理者需要全面分析运动竞赛构成要素的性质、功能、价值，以及彼此之间的结构特点与关联特征，评估能否达到整体的最优化。

第二，持续树立全局观念。运动竞赛管理工作涉及的因素众多，且各因素关联紧密，"牵一发而动全身"。能否在复杂的工作中把握全局，并正确处理好整体与部分之间的关系，是运动竞赛管理工作的基本要求，也是评价运动竞赛管理工作的基本标准之一。

第三，关注运动竞赛的整体结构。运动竞赛管理者必须根据不同环境、不同任务、不同条件，适时、恰当地进行结构调整，同时保持整体结构的相对稳定，保障运动竞赛管理的整体性能优化。

（三）效益原则

1.效益原则的基本内涵

效益原则的根本要求是把追求效益作为管理活动的准则之一。在运动竞赛管理活动中，效益原则表现为以尽量少的劳动消耗，创造更多的管理效益。管理者要将效益问题贯穿于整个运动竞赛管理过程之中，应把提高管理效益放在首位，要确立以效益为导向的管理观念。

2.效益原则的实现途径

对于运动竞赛，需要厘清影响管理效益的各种因素。

第一，运动竞赛的管理者。管理者在运动竞赛管理活动中居于主导地位，管理者的思想观念、行为方式对管理效益的影响，是通过管理活动的计划、组织、协调和控制等功能来实现的，这就要求管理者在管理活动中树立效益意识，把对效益的追求作为管理活动的主导思想。

第二，运动竞赛的管理对象。管理的效益指标往往要通过管理对象来实现，运动竞赛的管理对象是由人、财、物及信息等组成的一个有机体系。其中，人是最重要的因素，时间、空间、信息的组合对提高管理效益也有着不可忽视的作用，但这种作用只有通过人的活动才能实现。

第三，运动竞赛的管理环境。运动竞赛的管理环境影响管理效益，主要包括政治环境、经济环境、科学技术环境和社会环境等。管理者需要坚持在效益观念的指导下，主动地开发和利用各类环境中有利于提高效益的因素。

总之，在运动竞赛快速发展的时代背景下，管理者必须树立正确的效益观念，把追求效益作为管理活动的准则；同时要兼顾整体，把追求综合效益作为运动竞赛管理的根本宗旨。

第二节　运动竞赛管理的主要工作

一、运动竞赛管理的主要内容

运动竞赛管理着眼于提升竞赛价值，促进运动竞赛的整体发展。运动竞赛管理的相关工作主要涉及管理机构与职能定位、管理制度与组织实施、竞赛类别与目标任务、竞赛数量与参赛规模、竞赛时间与举办地点、竞赛标准与行为准则、竞赛评价与反馈优化等。

（一）管理机构与职能定位

为了对运动竞赛实施高效的管理，搭建结构合理、层次分明的管理构架是必要的。国家应结合需求设立相应的管理机构，明确各类机构的管理职能以及信息传递路径。

（二）管理制度与组织实施

运动竞赛的管理机构要结合各自国家（地区）的发展需求，确定运动竞赛的整体发展思路，制定运动竞赛的管理制度并监督执行，引导运动竞赛的良性发展。

（三）竞赛类别与目标任务

运动竞赛是人类特定的社会活动，每项竞赛都有特定的目标和任务。为了提升竞赛举办效益，管理者需要整体规划、分类设立各种类型的运动竞赛，在明确竞赛定位的基础上，充分发挥各种竞赛的价值，形成统一的竞赛体系。

（四）竞赛数量与参赛规模

在运动竞赛管理过程中，管理者要充分考虑运动项目的发展需求与未来趋势，通过竞赛计划明确每个年份（赛季）举办竞赛的数量；在此基础上，根据竞赛的性质与特点，确定竞赛的举办规模，包括直接或间接参与竞赛的各类人员数量等。

（五）竞赛时间与举办地点

竞赛时间的确定，既要充分考虑运动项目的竞技特点与发展需求，将重大竞赛安排在关键的时期，又要充分重视运动员竞技状态的高峰时间，确保运动员在重大竞赛中处于良好的竞技状态，并有足够的疲劳恢复时间。对于竞赛地点的选定，则要考虑运动项目在各个地方的发展状况，同时要考虑运动员的参赛成本，尽可能减少赴赛所花费的时间。

（六）竞赛标准与行为准则

运动竞赛涉及各类竞技活动，需要设定明确的技术标准；而竞赛规则就是对各个运动项目技术标准的整体规定，竞赛规程则是对竞赛安排的具体设定。此外，各类管理文件都会明确运动员、教练员及裁判员等相关人员在竞赛中的行为准则，由此规范各个群体的竞赛行为，包括对违禁药物的"零容忍"等。

（七）竞赛评价与反馈优化

运动竞赛评价的对象主要是竞赛过程中的各类参与人员及其行为，既包括竞赛结束后的总结，也包括竞赛过程中针对重要事项所进行的过程性评价。管理者通过科学的方法对竞赛特征进行客观、准确的评价，重点评判是否获得预期的举办效益；根据基本数据为管理决策提供解决方案，为后续工作提供优化思路，进而提高运动竞赛管理水平，保证运动竞赛的全面、持续发展。

二、运动竞赛计划

（一）运动竞赛计划的基本内涵

运动竞赛计划是在管理目标的指导下，对特定时期的竞赛所做的整体规划。按照不同的标准，运动竞赛计划可分为多种类型，既可以分为长期竞赛计划、中期竞赛计划、短期竞赛计划，又可以分为全国竞赛计划、地方竞赛计划、基层竞赛计划等。

运动竞赛计划是实施运动竞赛管理的重要手段。各个国家、各个运动项目都会紧密结合实际情况，制订运动竞赛计划，并以此作为组织竞赛的基本依据。因此，运动竞赛计划是否科学，直接影响举办效果。

（二）运动竞赛计划的制订

1. 制订程序

制订运动竞赛计划一般采取自上而下的程序。以我国为例，全国运动竞赛计划由国家体育总局相关业务部门和各运动项目协会，根据体育事业发展目标、运动竞赛制度及国际和国内竞赛发展实际情况而定。各省、自治区、直辖市体育主管部门及运动项目协会，根据上级竞赛计划，并结合本地区、本项目的实际需要，逐级制订并颁布本级竞赛计划。在此基础上，逐渐形成各个运动项目的竞赛体系。

2. 制订步骤

在制订运动竞赛计划的过程中，首先，管理者要明确运动竞赛的目标。一般来说，举办各类竞赛的目标主要在于检查运动训练效果，促进运动项目发展。确定竞赛目标前，管理者要对运动竞赛的外部环境及内部条件进行调研分析，以确保竞赛目标的客观性与合理性。其次，在制定运动竞赛方案时，管理者要根据竞赛目标拟定多个方案，以便于优选，切实确定竞赛形式、参赛范围、竞赛时间、竞赛地点、承办单位。再次，管理者要优选运动竞赛方案。对竞赛方案进行优选是提高竞赛计划科学性的必要程序。优选竞赛方案要采取系统的综合分析方法，将各种实际因素全面考虑，最后决定最佳方案。最后，管理者确定方案并编制竞赛计划。备选方案拟定以后，管理者仔细分析各个方案的优劣长短，通过各种比例关系的协调统一，提高竞赛计划的整体性，对竞赛计划进行综合考虑和汇总后报请有关部门审定、批准，再作为正式计划文件下达并贯彻实施。

第三节　运动竞赛管理体制

一、运动竞赛管理体制的内涵

运动竞赛管理体制是竞技体育的核心内容，是指运动竞赛管理的机构设置及其责任、权利、利益划分及管理制度的总和；是运动竞赛顺利开展的前提，可以最大化地发挥和释放运动竞赛的功能和价值；对加强运动竞赛的管理、确保运动竞赛成功举办、提高竞赛效益具有重要意义。运动竞赛管理体制既存在于宏观层面，又存在于微观层面，宏观层面涉及整体的国家运动竞赛管理体制，微观层面涉及专门性的运动竞赛管理体制和各运动项目竞赛管理体制。

早期的运动竞赛活动没有统一的规则，也没有专门的管理。随着运动竞赛的发展，为了组织、管理运动竞赛，推动运动竞赛在统一管理下向规范化方向发展，各级各类体育组织应运而生并不断发展，在世界各国和地区成立相应的管理竞技体育及运动竞赛的国际体育组织机构。这些组织机构逐步完善，形成了有关规章制度条例和工作程序体系。

管理运动竞赛的组织机构及其制度体系是在一定的社会历史条件下形成的。运动竞赛体制的结构包括两大部分，即组织机构体系和制度体系。其中，组织机构体系可以视为外部结构或者硬件，制度体系则可以视为内部结构或者软件。从组织机构体系的角度来讲，任何竞赛组织机构都具有多层次的特点并形成一定的组织网络。从制度体系来看，运动竞赛的制度体系包含的内容丰富，决定了世界各国竞赛均朝一定方向发展。

从组织管理的角度来看，科学的运动竞赛管理体制是保证竞赛活动功能充分发挥的前提，是提高竞技水平的重要条件，也是运动竞赛有序组织与管理的根本保障。因此，管理者必须加强运动竞赛管理体制方面的建设，从组织和制度上把握运动竞赛的发展，引导竞赛与运动训练互相促进、协调发展，使运动竞赛管理体制进一步适应社会发展的要求，提高运动竞赛的效益，促进竞技体育更好地发展。

二、运动竞赛管理体制的主要类型

运动竞赛管理体制的建立必须以本国或地区的政治、经济、文化背景为依据，一个国家的政治、经济、文化能够透过运动竞赛管理体制而对运动竞赛进行影响和制约。运动竞赛管理体制的建立与国家行政体制相适应，不同国家的行政体制有较大的差异，其决定了各个国家的体育管理体制，而体育管理体制又决定了运动竞赛管理体制；不同的体育管理体制，其运动竞赛管理体制也不同，但是它们都从宏观上决定了一个国家管理运动竞赛的方式、组织形式、运行机制及各种管理关系。因此，只有建立与国家行政体制相适应的运动竞赛管理体制，才能更好地发挥其作用，促进体育运动的发展。

为了提高管理效益，运动竞赛管理体制必须符合运动竞赛的发展规律，与运动竞赛的实践相适应。世界各国主动适应运动竞赛国际化的发展趋势，共同承认统一的国际竞赛规则，并在国际体育组织领导下参与世界范围的运动竞赛，各国运动竞赛管理体制也必然受到国际体育管理体制的影响，与体育运动发展相适应，满足社会化、商业化、职业化的要求。

有效的管理来自有效的组织，要获得对运动竞赛的有效管理，就必须借助于一定的组织体系。目前，世界范围的运动竞赛管理体制按性质、结构、权利归属分成三种类型：政府管理型、社会管理型和综合管理型。

（一）政府管理型

政府管理型是指国家设立专门的运动竞赛管理行政机构，对运动竞赛直接行使行政管理权，主要特点是由政府设立专门的机构来管理竞赛。在政府管理型运动竞赛管理体制下，政府的权力高度集中，各种社会体育组织不具备实质性的管理功能。

政府管理型运动竞赛管理体制的优势是政府发挥主导作用，权力高度集中，能够充分体现国家意志，有利于政府宏观调控，便于整合有限的社会资源，使之服务于体育事业发展总目标，推动公共体育服务供给，政令统一、统筹全局。其不足之处是容易限制社会对体育的参与和支持热情，会在一定程度上导致活力的缺失；而且国家需要投入大量的人力、物力、财力，在运动竞赛规模不断扩大、国家经济投入不足时，运动竞赛的全面发展会受阻。

（二）社会管理型

社会管理型是指国家主要通过立法、资助、表彰等方式，对运动竞赛进行间接调控，直接管理运动竞赛的是社会组织机构。社会管理型运动竞赛管理体制的主要特点是由各种社会组织来管理竞赛，政府一般不设立专门的运动竞赛管理机构，主要运用市场机制和法律、经济手段来间接管理竞赛。

在社会管理型运动竞赛管理体制中，权力分散于各个社会组织，政府主要通过法律、经济、政策手段对各社会组织进行引导和协调。社会管理型运动竞赛管理体制的优点在于权力分割，相关体育组织可根据实际条件组织竞赛，有利于调动社会力量参与和支持体育，从而获得广泛的社会支持；利用市场机制调控体育资源并进行合理配置，国家不需要投入大量的资源，有利于促进体育产业的发展。社会管理型运动竞赛管理体制的不足之处在于社会组织之间存在利益冲突，在市场发生波动时，难以有效地协调和统一，可能出现各行其是的局面，不利于突出重点、统筹兼顾、协调发展。

（三）综合管理型

综合管理型介于"政府管理型"和"社会管理型"之间，也称混合管理型。其主要特点是由政府和社会组织共同管理，政府设有专门的体育管理机构或指派有关部门负责宏观管理，制定规划与政策，发挥领导、监督与协调作用；社会组织在政府的宏观管理下，负责具体事务，如制定运动项目发展规划和各种规章制度、组织比赛等。

综合管理型运动竞赛管理体制的优点是在发挥政府主导作用的同时有利于激发社会参与，不足之处在于政府部门和社会组织往往会在权责划分和利益分配方面存在一定冲突。

总之，任何形式的运动竞赛管理体制都是在一定的社会政治、经济、文化等方面制约下的产物。如何能使各种管理因素达到完美的结合，形成适宜运动发展的运动竞赛管理体制？在实践中我们需要结合实际情况进行全面且深入的研究，充分考虑国家的社会发展及经济等因素。

三、国内和国际运动竞赛管理体制

（一）我国运动竞赛管理体制

1. 历史演进

1949 年 10 月以后，我国逐步形成运动竞赛管理体制及组织系统，包括政府行政部门系统、社会组织系统等。其中，政府行政部门系统由原国家体委（全称为中华人民共和国体育运动委员会，现为国家体育总局）和相关部委构成，社会组织系统主要包括中华全国体育总会、各单项体育协会、社会群团组织。此时对体育的管理主要是政府集权式的。政府承担体育事业发展的全部责任，主要以行政手段对体育进行直接管理，对体育资源进行计划配置，因此，政府既是管理体育的主体，又是办体育的主体。

随着我国经济、社会的发展，原有体育管理体制的不足日趋明显。为了促进体育事业的发展，国家开展了以体育的社会化、科学化为突破口的体制改革，强调在政府体育行政部门的统一领导下，充分发挥各行业、各部门办体育的积极性，并在社会体育管理体制、体育教育与科技体制等方面进行了一系列改革，取得了一定进展。

进入 20 世纪 90 年代，我国的经济体制由计划经济体制向社会主义市场经济体制转变。体育发展过分依赖于政府、社会参与体育的积极性没有得到充分发挥、体育自我完善的动力不足等体制性问题日益突出。为了解决这些问题，我国进行了体育管理体制的新一轮改革，实现由计划经济体制下的体育管理体制向与社会主义市场经济相适应的体制转变，着力建立符合现代体育发展规律、更有活力的体育管理体制和运行机制。其中，国家体育行政管理机构的精简、体育社团组织的充实与加强是体育管理体制改革的重要标志，运动竞赛管理体制也相应发生了变化。例如，2014 年，国家体育总局出台《以运动项目管理中心和单项体育协会改革为突破口，深化体育管理体制改革的方案》，将 34 个单项体育协会分为六大类，并与国家体育总局脱钩。2015 年 3 月，国务院办公厅印发《中国足球改革发展总体方案》。该方案把发展足球运动纳入国家经济社会发展规划之中，全面推进足球项目改革，而竞赛改革则是其重要事项之一。

我国运动竞赛管理体制是一种以执行国家所赋予的特定任务、体现国家意志为特征的竞赛管理体制。国家体育总局全面管理各类运动竞赛，推动其有目标、有计划、成体系地发展。我国运动竞赛管理体制的特点是以行政管理部门为主，同时发挥中华全国体育总会、各个单项体育协会等社会组织的辅助作用，实行分级竞赛、分级管理的综合性管理体制，以便于集中领导、分级管理、统筹全局，充分利用各种资源，发挥举国体制优势。

2. 管理机构与分级体制

运动竞赛管理机构通过确定目标、设计结构、划分部门、分析职位、建立规范等工作，合理配置竞赛资源，使各项任务、责任、权利同机构内部各个要素之间形成系统性的匹配。我国运动竞赛管理体制遵循"谁主办，谁负责"的原则，实行分级分类管理，主要涉及全国性体育赛事、地方性体育赛事及在我国举办的国际性体育赛事的管理。运动竞赛管理机构有特定的层次和明确的分工，自上而下包括国家体育总局相关部门，各省、自治区、直辖市体育局相关管理部门，以及地市级等基层的体育管理相关部门三个层次。

其中，国家体育总局的相关管理部门（竞技体育司等），以及各个运动项目管理中心、实行实体化改革的单项体育协会，是我国运动竞赛管理体制中最高层次的管理机构，其分别从整体及运动项目的角度行使管理职能。国家体育总局的竞赛管理职能见表4-1。

表4-1　国家体育总局的竞赛管理职能

序号	职能
1	统一全国竞赛管理的指导思想
2	拟定国家竞赛制度和全国竞赛活动的规划
3	编写全国竞赛活动的规程，主办并组织全国性竞赛，对承办全国性竞赛任务的单位进行业务指导
4	组织、指导国内区域性竞赛活动，提高我国单项运动技术水平
5	为参加国际性竞赛活动，组织好全国优秀人才的选拔和集训工作
6	为促进国际体育交往，组织在国内举办的国际性或双边性单项运动竞赛（活动）
7	管理审批全国以上各项运动成绩和纪录
8	管理审批国家级裁判员等级，负责推荐国际级裁判员并对其进行业务培训和考核
9	负责国际与国内综合性运动会的事务管理

省、自治区、直辖市体育局的竞赛处、综合训练处等竞赛机构，是我国运动竞赛管理体制上下衔接的重要中间环节。其主要职能包括：切实制定本区域竞赛制度和制订竞赛计划，拟定竞赛规程，组织竞赛活动，通过竞赛为国家发现和选拔竞技体育后备人才，组织并承办国家体育总局下达的竞赛任务，对承办省、自治区、直辖市级竞赛活动的下属基层体委进行业务指导等。

地市级体育局所设的竞赛训练科室，是发现和培养本地区青少年体育后备人才的基层部门。其主要职能包括：制订本地区竞赛活动计划和规程，组织本地区体育竞赛，管理和审批本地区各项运动成绩和纪录，管理和审批二、三级裁判员技术等级等。

总之，国家体育总局相关业务部门和各个单项体育协会，要根据国家体育事业的发展目标、运动竞赛制度、国际和国内竞赛活动规律，制订、颁布并执行最高层次的全国运动竞赛计划。各省、自治区、直辖市体育局及其各地市体育局，各单项体育协会则根据上一级竞赛计划，结合本地区、本项目实际发展需要，逐级制订并颁布竞赛计划，整体推动运动竞赛的发展。

（二）国际运动竞赛管理体制

随着社会的发展，运动竞赛受到普遍关注，已建立了一套比较成熟的国际运动竞赛管理体制。国际奥委会、国际单项体育组织，以及国际大学生体育联合会、国际中学生体育联合会、国际军事体育理事会等各类国际性体育组织，是管理世界运动竞赛的重要机构。其中，国际奥委会是国际奥林匹克运动的领导机构，是非政府、非营利的国际组织，其宗旨及任务是按照《奥林匹克宪章》的规定，推动国际奥林匹克运动的发展。国际单项体育组织是领导和管理某一单项运动的机构，有各自的章程，一般称联合会或联盟，如国际足联、世界自行车联盟等。此外，各大洲成立了相应的管理机构，如亚洲奥林匹克理事会、亚洲田径联合会、欧洲足球联合会等，负责本地区相关项目的竞赛管理。

以国际奥委会、国际单项体育组织等组织为主干的运动竞赛管理体制，将世界上各类国际性运动竞赛融合在一起，明确各自的权利和义务，共同拓展竞赛领域的合作，而组织和管理国际体育赛事仍然是各个国际单项体育组织的核心工作。其中，国际奥委会在组织和协调各单项体育组织间的关系、促进和保障国际体育赛事活动的开展方面都发挥了重要的积极作用，而国际单项体育组织在各自管辖的运动项目中独立开展运动竞赛，由此也使得国际奥委会、国际单项体育组织，以及各个国家（地区）奥委会对现代运动竞赛管理具有非常重要的作用。

⭕ **思考题**

1. 运动竞赛管理的原则主要有哪些？
2. 国内、国际运动竞赛管理体制的差别有哪些？

第五章　运动竞赛组织

本章重点讨论运动竞赛的组织工作。运动竞赛的组织工作主要包括运动竞赛组织的工作内容、工作规划、工作体系等。

通过本章的学习，引导学生掌握运动竞赛组织的工作内容，了解运动竞赛组织的工作计划、机构设置与职能、工作流程等。

第一节　运动竞赛组织的工作内容

运动竞赛是竞技体育的主要构件之一。无论是综合性运动会还是单项运动竞赛，高效的组织工作都至关重要。对组织者而言，为了确保各项工作顺利进行，需要全面掌握运动竞赛组织工作的重点内容，全面细致地规划组织工作，做好竞赛运行设计。

在竞赛组织工作过程中，组织者需要重点考虑的工作主要分为两部分，即竞赛组织的核心工作及与竞赛密切相关的其他工作。其中，竞赛组织的核心工作主要包括运动员报名与参赛资格审核，竞赛场地、设施、器材的布置与运行，竞赛规程、竞赛信息的审核，技术官员管理，竞赛成绩的统计，等等；而与竞赛密切相关的其他工作主要包括运动员兴奋剂检测、医疗卫生、颁奖仪式及其他相关事宜等。按照系统组织原则，研究建立竞赛组织工作的程序化及标准化体系，对运动竞赛而言是非常必要的。

运动竞赛的参与人数众多，组织活动规模庞大，影响因素和不可预见因素多，整个组织工作就是一个复杂的系统工程，涉及方方面面。组织者应依据统一的工作计划，遵照竞赛规则、竞赛规程等技术条款组织实施。各种类型的运动竞赛组织工作会有差别，根据工作时期的不同，可以分为赛前工作、赛中工作、赛后工作三部分。

一、赛前工作

（一）编制组织方案

根据竞赛计划的统一安排，组织者要想有步骤地开展竞赛工作，必须先进行总体设计并编制运动竞赛组织方案。运动竞赛组织方案的主要内容（表5-1）包括运动竞赛的名称、目的和任务、规模和时间、组织机构与职能、经费预算、工作步骤等。

表 5-1　运动竞赛组织方案的主要内容

序号	名称	主要内容
1	竞赛的名称	根据竞赛的内容、性质、时间和规模等因素来确定竞赛名称
2	目的和任务	根据竞赛名称、竞赛项目特点以及地区、竞赛组织部门的具体要求，确定竞赛的目的和任务
3	规模和时间	竞赛项目和运动员的多少直接关系到竞赛场地的需求和竞赛时间的长短。赛前，竞赛组织部门要根据竞赛项目的设定以及预报名人数，确定竞赛的规模和竞赛的天数
4	组织机构与职能	机构设置要合理，职能划分要明确，具体包括竞赛组织各职能机构设置、工作岗位安排和人员配备的数量等，以保证竞赛任务的圆满完成

序号	名称	主要内容
5	经费预算	包括竞赛经费来源与筹资计划、经费的使用原则与使用范围、收支计划与增收节支措施等
6	工作步骤	确定整体工作的阶段划分和各阶段的工作重点与具体步骤

（二）制定竞赛规程

竞赛规程是根据竞赛计划而制定的具体政策与相关规定，是组织者和参加者都必须共同遵守的基本章程。竞赛规程既是运动竞赛的指导性文件，又是组织者和参加者在工作和竞赛时的法规性文件。

制定竞赛规程是一项非常严肃而细致的工作，要依据竞赛计划、竞赛的目的与任务，结合竞赛的规模，以及具体竞赛条件合理制定。竞赛规程的主要内容包括竞赛名称、竞赛时间和地点、主办单位和承办单位、竞赛项目及组别、参赛单位、运动员资格、竞赛办法、录取名次与奖励、报名办法、抽签的方式与方法、抽签的日期和地点等。其中，全运会、青年运动会等综合性运动会可以相应地把共同性条文列为竞赛规程总则，然后再根据各个运动项目的实际情况制定单项竞赛规程。

以全运会为例，全运会共设立30多个项目。全运会的管理者针对竞赛工作的通用问题，制定《全运会竞赛规程总则》；而针对各个运动项目特定的竞赛事务需要制定专门的组织规定，主要通过"单项竞赛规程"来进行说明。例如，全运会游泳项目的单项竞赛规程，就主要设定了以下方面的事项内容：竞赛项目、运动员参赛资格、参赛办法（资格赛、决赛）、竞赛办法（资格赛、决赛）、录取名次与奖励、报名和报到、技术官员、兴奋剂和性别检查、仲裁，以及体能测试方案等。

（三）编排工作

组织编排工作的关键在于全面把握竞赛信息，整体规划、编制竞赛日程，做到协同兼顾，保证竞赛工作的顺畅运行。表5-2为竞赛编排工作的主要内容。

表5-2　竞赛编排工作的主要内容

序号	名称	主要内容
1	信息收集	分析竞赛规程和竞赛规则，把握竞赛内容、形式、时间安排、参赛单位、组别和项目设置、参赛办法、奖励及计分方法
		熟悉竞赛场地和工作人员的情况，准备相关用具、文件
2	报名审核	核查报名信息，严格审查参赛资格
3	编排统计	编排号码对照表，统计竞赛单元数量及各类运动员的人数，填写竞赛表格，计算出竞赛所需的时间
4	编制竞赛日程	按照各项竞赛的编排要求和编排方法，将竞赛项目和运动员编排到竞赛的具体位置

1. 分析竞赛基本情况

具体工作内容包括：全面分析竞赛规程和竞赛规则，把握竞赛的时间安排、参赛单位、组别和项目设置、参赛办法、奖励及计分方法，熟悉竞赛场地和工作人员情况，准备相关用具与竞赛表格。

2. 核查报名情况，审查参赛资格

具体工作内容包括：检查报名是否逾期，检查各单位报名是否符合竞赛规程的规定，仔细核对名单，严格审查运动员的参赛资格。

3. 编排号码对照表，统计各类运动员的人数，填写竞赛表格等文件

具体工作内容包括：根据运动员报名情况，编排竞赛号码对照表；统计竞赛单元情况，以及各项目参赛人数与兼项情况，为编排工作做准备；统计完成后，按要求填写各种竞赛表格和卡片，核实后，按运动项目进行归类，以备编排使用。

4. 编制竞赛日程

具体工作内容包括：根据竞赛规程的规定和不同运动项目及场地器材的情况，计算出竞赛所需时间；按照各项竞赛的编排要求和编排方法，将竞赛项目和运动员进行定位或分组。在这个过程中，编制者要确保运动员的机会均等，结合专项竞技特点，充分考虑竞赛的密度、强度；考虑运动员的兼项情况，保证运动员各项目之间休息时间的合理性；考虑竞赛的精彩程度；等等。

（四）形成竞赛文件

竞赛秩序册等竞赛文件是运动竞赛组织的文字依据，也是教练员、运动员、裁判员参加竞赛的依据。其中，竞赛秩序册一般包括竞赛名称、时间、地点，主办单位和承办单位；竞赛组织结构图；竞赛规程和补充规定；竞赛组委会名单和办事机构成员名单，仲裁委员会成员名单，裁判员名单，各代表队名单；大会活动日程，竞赛日程，各项目的竞赛分组；各类参赛人员统计表；最高纪录或最好成绩；比赛场地平面图；等等。

（五）检查竞赛环境并组织赛前活动

赛前，工作人员必须对场地和器材进行细致的检查，确保场地和器材符合竞赛的技术标准及特定要求。竞赛组织者要组织召开组委会会议以及裁判长、领队、教练员联席会议。会议上，组委会要介绍竞赛组织工作情况，裁判长要明确执行的规则及竞赛要求，有些运动项目还需要在会上组织抽签。此外，赛前竞赛组织者还要组织所有裁判员学习，使其统一判罚尺度，保证严肃、认真、公正、准确地完成裁判工作。

二、赛中工作

1. 协调各方工作

运动竞赛涉及人员多，活动规模大，是一项系统性工程，竞赛组织、临场管理、宣传报道、医护保卫、后勤保障等工作缺一不可。竞赛部门要与相关的各个业务部门保持信息的畅通，深入赛场，掌握动态，加强各方面的协调配合，保证对竞赛全局的控制。

2.加强临场管理

临场管理是组织好运动竞赛的关键环节，直接影响竞赛的顺利进行。除了完成常规的工作，在竞赛过程中还可能出现各种类型的突发情况，包括天气变化、场地器材损坏、参赛人员受伤等，组织者需要制定相应的预案，在竞赛中第一时间对突发情况进行处置。

3.完成成绩统计工作

工作人员需要对竞赛的全过程及每一个阶段的成绩进行准确的记录和统计，以此作为运动员晋级、录取参赛名次、决定竞赛结果的依据。由于事关运动员的参赛成绩，统计和处理工作必须准确、快捷、高效，这对运动竞赛的组织系统提出了很高的要求。

4.做好成绩公告

各项竞赛结束后，成绩统计部门要尽快将成绩送给竞赛部门。竞赛部门将各项成绩进行汇总，准确、快捷地印制，发布当日的成绩公告，以便于各参赛单位、运动员和观众及时了解竞赛的进程和结果，专家对竞赛进行分析研究，媒体对竞赛进行宣传报道。

三、赛后工作

1.做好排名和颁奖工作

竞赛结束，竞赛部门要核对各项竞赛的成绩、排定名次，裁判长负责正式宣布；为了确保成绩的准确性，一般会先公布"非正式成绩"；待确认无误后，再公布正式成绩。此外，组织者还要提前做好颁奖的准备。

2.做好总结工作

竞赛活动结束后，组织者对竞赛的成绩进行审查核对，准确无误后装订成册，分发给各参赛单位。在此基础上，竞赛相关部门要对竞赛工作做一个全面的总结，提出改进的建议；同时将竞赛有关的各种文件、记录表格、原始材料等分类存档。

第二节 运动竞赛组织的工作规划

一、运动竞赛组织的工作原则

（一）公平优先原则

公平是组织运动竞赛的根本要求。竞赛工作须确保所有参赛运动员具有同等的参赛资格并创造优异成绩的机会。公平优选原则主要体现在运动员参赛条件的一致性、裁判员执裁的公正性等方面。竞赛设计必须使参赛各方处于平等条件下进行竞赛。其中，制定竞赛规程要充分考虑到各方面的实际情况，保证公平竞争；而竞赛规程一经确定，参赛各方必须严格执行。组织者应当确保全部竞赛活动自始至终体现公平竞赛精神、遵循体育道德规范。在组织运动竞赛时，组委会需要对竞赛相关的各种硬件条件、软件条件等进行全面分析，保证竞赛的公平、公正、公开。同时，在执裁过程中，裁判员必须做到严肃认真、公正严明，确保整个竞赛过程的透明性。总之，确保公平优先原则的实施，是所有参赛运动员和相关管理人员的基本责任。

（二）以竞赛为中心原则

以竞赛为中心原则是指在筹备和组织运动竞赛过程中，竞赛工作始终处于中心地位。以竞赛为中心不是以竞赛部门为中心，而是将竞赛工作需求作为各项工作的重点，要求各部门工作以竞赛工作的总体部署和要求为依据，对本部门的工作情况进行调查和分析，制定出符合客观实际的工作方案，合理地利用人力、物力，正确安排时间、进度，力求各项局部工作围绕竞赛工作有条不紊地进行，获得良好的举办效果。

（三）协同推进原则

现代运动竞赛参与人员多、复杂性强，一般由主办单位与承办地相关部门联合组成组委会，主办单位与承办单位共同负责运行。因此，在竞赛组织工作过程中，相关各方要目标明确，对于完成竞赛组织工作的基本目标要一致；在完成自身工作过程中，相关部门要互相支持，共同完成竞赛工作。在实践过程中，不同机构处于不同的组织地位，从不同的角度审视整个组织工作，客观上存在一定的认识差别。因此，为避免组织过程中出现问题，竞赛筹备工作必须统一管理目标、指导思想、工作标准、进度要求，对各项工作集中统一指挥，着力实现竞赛组织系统内部各要素之间的融合，实现人、物等组织要素之间的整体协同与高效。此外，运动竞赛组织工作都须经历竞赛筹备期、赛前准备期、竞赛期及竞赛结束期四个阶段，它们彼此紧密关联。协同规划这四个阶段的工作任务是做好大型运动竞赛组织工作的重要保证。

（四）规范优化原则

规范优化原则要求运动竞赛组织工作确保竞赛场地和器材设备等竞赛硬件条件，运动员参赛资格、个人装备和器材，竞赛办法、竞赛过程各个环节，竞赛成绩的评测工具、方法和程序都完全符合竞赛规则的相应规定。

二、运动竞赛组织的工作计划

运动竞赛组织的工作计划是为了实现某一特定的竞赛目标，预先对竞赛工作的具体内容和步骤所作的筹划与安排。对运动竞赛的控制与协调，主要是通过运动竞赛组织工作计划来实现的。运动竞赛组织工作计划对确定运动竞赛项目、划分运动竞赛周期、安排训练内容及组建运动队伍，具有至关重要的作用。

（一）收集竞赛信息

对运动竞赛所面临的外部环境和内部条件进行全面的调查与分析，有助于科学有效地确定竞赛目标与任务。竞赛信息主要有八个方面的内容。

（1）体育事业发展目标及相关政策。

（2）对于竞赛活动安排的相关规定。

（3）运动训练的实际需要，包括运动训练水平、运动人才状况等。

（4）满足群众体育发展的各方面实际需要，促进有关项目群众体育活动的开展，满足群众对项目竞赛表演的观赏需求及社会各部门、企事业单位等对运动竞赛的需求。

（5）国家和地方的财政状况。

（6）国家和地方的运动设施、场地器材和生活设施的建设情况。

（7）运动项目裁判员的水平和数量。

（8）竞赛管理干部的数量和水平等。

（二）明确竞赛目标

设定竞赛目标，要以相关政策以及竞赛计划为依据，并紧密结合客观实际条件。总体而言，各层次运动竞赛的目标主要包括：提高运动技术水平，检验训练效果；选拔、组织参加上一层竞赛的队伍；丰富文化生活，推动体育发展；等等。

（三）拟定具体方案

确定竞赛目标后，组织者要拟定竞赛的具体方案。竞赛的具体方案主要从竞赛形式、竞赛规模、竞赛时间、竞赛地点等方面规划具体事项。竞赛具体方案的主要内容见表5-3。

表5-3　竞赛具体方案的主要内容

序号	事项	主要内容
1	竞赛形式	根据竞赛目标，综合考虑竞赛的任务、项目设置、参赛运动员的年龄等因素，选定适宜的竞赛形式
2	竞赛规模	为提高竞赛效益，须控制竞赛规模。严格控制参赛人数，妥善掌握接待规格和安排竞赛礼仪，力求庄重、简朴又不失竞赛的本质
3	竞赛时间	依据竞赛计划的整体安排，结合运动项目特点，根据竞赛的常规时间、气象规律、所需时间等因素确定具体的时间安排
4	竞赛地点	综合考虑经济水平、场地设施、住宿交通等硬件条件，以及群众的兴趣爱好与欣赏水平，可优先安排运动项目的重点布局区域

（四）明确工作流程

运动竞赛涉及的人员多，组织工作复杂，包括很多具体事项，工作中要以体育部门为主体，相关部门密切配合进行。运动竞赛组织的工作流程见图5-1。

图 5-1　运动竞赛组织的工作流程

第三节　运动竞赛组织的工作体系

运动竞赛组织的工作体系是指保障运动竞赛顺利开展的组织体系，以及维持该体系运行的制度、法规的总和。它承载着竞技体育竞赛活动的计划、组织、控制等具体的管理职能，运用各种运行机制整合和配置资源，使竞赛资源合理而高效地流动。

运动竞赛组织机构可视为外部结构或称为"硬件"，一般是委员会制，根据赛事规模设立相应的机构，各司其职，保障赛事的顺利进行。运动竞赛的组织机构具有多层次、多功能的特征，并形成一定的组织网络。制度可视为运动竞赛的内部结构或"软件"，运动竞赛制度的结构一般包括两大部分，即竞赛的组织和竞赛的法规。我国现行的运动竞赛制度是由国家体育总局制定的，旨在全面协调运动竞赛，使之有系统、有计划、有目的地进行，充分调动人民群众参与体育的积极性，发现和培养运动人才，不断提高竞技运动水平，推动体育事业的发展。

一、运动竞赛的组织机构

运动竞赛的组织工作复杂，合理设立组织机构能够有效协调关系，能够充分发挥组织成员的作用，从而更好地完成工作任务。在工作过程中，竞赛机构设置合理、职能划分明确、责任落实到位，高效利用竞赛资源，是竞赛活动顺利进行的保障。

我国举办全运会等大型综合性运动会，一般采用"组委会＋项目竞赛委员会"的模式。在竞赛组织过程中，组委会是全面领导组织工作的最高机构，其机构编制、人员数量等与运动竞赛性质和规模相适应；一般由政府领导担任组委会主任，委员由各方面代表组成，负责领导和组织全面竞赛工作。一般情况下，组委会下设秘书行政部、竞赛部、新闻宣传部、大型活动部、国际联络部、安全保卫部等主要工作机构。与此同时，每一个运动竞赛项目设立竞赛委员会（以下简称竞委会），直接归属组委会领导；各单项竞委会下设若干职能部门，具体开展各个运动项目的竞赛组织工作。全运会的组织机构见图5-2。

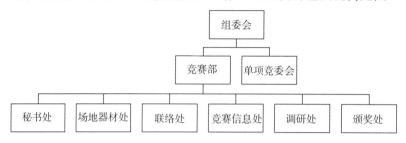

图 5-2　全运会的组织机构

奥运会的竞赛组织工作主要采用场馆运行模式。场馆运行模式通过团队的形式开展竞赛组织工作，竞赛组织人员在各个场馆内开展工作，保障竞赛组织工作的全面运行，其他各项工作都要服务于场馆运行工作。场馆运行模式具有规范运行、权责明确、标准统一等特点。以场馆为单位运行的赛事模式，需要一个转变的过程。奥运会在筹办之初采用以职能部门为单位的管理模式，而随着奥运会竞赛组织工作的推进，大量工作逐渐向场馆转移；为了达到这一目标，奥运会竞赛筹办工作要逐步从"以职能部门管理为中心"转为"以场馆整体运行为中心"，这一过程也是"场馆化"的过程。在"场馆化"过程中，组织者要确保各类资源、运行方案和指挥机制逐步落实到场馆，并在场馆层面逐步整合和实施。实现场馆转化后，人员组织结构从组委会各职能部门的直线职能化转变为类似"矩阵式"的场馆运行模式。

总之，运动竞赛的组织机构的设置，都是根据运动竞赛的整体目标、具体目标和任务，按照一定的标准对竞赛相关的人员、资源等要素进行划分的。运动竞赛的组织机构是由若干功能互补的工作部门或小组组成。

二、组织机构的职责

1. 组委会的职责

组委会是整个竞赛组织工作的最高领导机构，在组织综合性运动会时，应有相当级别的政府官员担任组委会主席、副主席，以增强组委会的权威性。组委会的规模、成立时间，应根据运动竞赛的规模、举行时间、重要程度等情况而定。组委会的主要职责包括六项。

（1）审议通过组委会或竞委会的人员组成。

（2）审议批准各组织机构的设置和主要负责人名单，包括各职能机构负责人名单、各单项竞委会负责人名单。

（3）审议批准竞赛活动的各项实施方案。方案具体包括：竞赛工作方案、宣传工作方案、行政后勤工作方案、大型活动方案、安全保卫方案等。

（4）审议批准经费使用的原则、范围，以及预、决算方案。经费具体包括：总经费预算、各项预算、奖励标准、总决算等。

（5）定期召开组委会会议，听取赛会有关部门的工作汇报，并讨论筹备工作需要解决的重要问题。

（6）研判竞赛组织过程中出现的重大问题。

2. 秘书行政部的职责

秘书行政部是竞赛组织工作的综合办事机构。其主要任务是拟制文件，组织会议（包括开幕式、闭幕式），督促协调，联络调控，上传下达。其主要职责有五项。

（1）负责组委会召集的各有关部门联席会议的通知，负责组委会决定贯彻落实情况的检查、督促工作。其具体包括：组织组委会会议、组织各职能机构联合办公室会议、组织代表团负责人会议、组织听取工作汇报会议、组织大型迎送会议、组织总结表彰会等。

（2）负责组委会各类文件、报表的汇总、拟稿和发文。其具体包括：拟制会议纪要、拟制综合信息简报、拟制领导讲话稿件、拟制各类请示报告、拟制综合报表汇总、拟制总结汇报材料等。

（3）负责各职能部门之间的工作协调。其具体包括：协调职能机构之间的业务、协调社会各部门的工作、监督各项工作方案的实施、接收各项工作的信息反馈、监督贯彻执行情况、协调安排领导人出席大型活动等。

（4）负责文件档案分析管理。其具体包括：赛会各项文件收发和传阅、各类文件立卷归档、各类文件印制与发放等。

（5）负责竞赛期间的迎送等礼仪活动，负责票务工作，等等。

3. 竞赛部的职责

竞赛部是竞赛组织工作的业务机构，主要任务是负责运动竞赛方案的制定与实施。其主要职责有四项。

（1）负责组织竞赛工作。其具体包括：制定竞赛组织工作方案；制定竞赛规程总则及各项竞赛规程，制定与竞赛有关的补充规定或通知；负责报名、注册、资格审查的工作；监督编排各项竞赛秩序，制定活动日程表；负责总秩序册和总成绩册的编印工作；统一各类竞赛表格的设计规格及标准，负责每日成绩和总成绩的汇总统计及公告工作；对各单项竞委会实行业务指导与监督；负责反馈各赛区竞赛组织工作动态和信息工作；监督竞赛规则和规程的执行。

（2）负责组织裁判工作。其具体包括：负责确定各项仲裁、裁判员的人选和聘用工作，编排各项竞赛秩序，监督执行竞赛规则，协助裁判长组织裁判员队伍的赛前业务培训，负责各项竞赛成绩统计、录取名次确定工作，负责裁判员队伍道德风尚奖的评选工作。

（3）负责场地器材的确定工作。其具体包括：负责勘察竞赛场馆设施；确定各项竞赛地点，报大会组委会审议；按要求做检查、验收场地器材的准备工作。

（4）负责竞赛经费管理工作。其具体包括：制定竞赛部门经费预算方案及各项竞赛经费的使用范围和政策，审批各项竞赛经费预算，监督、检查竞赛经费的执行情况。

4. 新闻宣传部的职责

新闻宣传部是竞赛组织工作的宣传机构，负责大会宣传工作组织方案的实施。其主要职责有四项。

（1）负责宣传教育工作。其具体包括：制订大会宣传工作计划，制定大会工作人员和运动队行为规范及思想道德准则，负责赛会广播、组织摄影、录像工作，负责环境布置和社会宣传工作。

（2）负责组织新闻传播、召开新闻发布会工作。其具体包括：负责新闻发布工作，做好记者采访的组织工作并提供服务，负责新闻中心的管理工作，提供每日竞赛信息和大会总活动的信息。

（3）负责管理宣传经费工作。其具体包括：制定宣传经费预算及使用原则，审批下属各项宣传经费预算，监督、检查宣传经费的执行情况，对各单项竞委会的宣传机构进行业务指导。

（4）负责组织评选工作。其具体包括：竞赛结束阶段，组织开展体育道德风尚奖的评选活动，进行表彰并做好工作总结。

5. 安全保卫部的职责

安全保卫部负责组织并实施竞赛活动的各项安全保卫工作。它是竞赛组织工作不可或缺的机构之一，通常由主办或承办单位内部的保卫组织、公安机关和有关部门共同组成。其主要职责有四项。

（1）负责治安秩序工作。其具体包括：制订安全保卫计划，负责落实对竞赛设施、生活设施的安全检查和保卫，维持赛场秩序和及时处理突发事件等工作；制定大会驻地的防火、防盗、防毒等安全措施和要求，负责赛场秩序的管理和防爆工作，保障出席大会各种仪式的各级领导人的安全；制定运输保卫工作各项规定；制定各类人员在大会期间的证件使用规定。

（2）负责交通安全工作。其具体包括：负责大会车辆驾驶人员的安全教育工作，制作赛会期间各场馆的车辆通行证，负责开、闭幕式通往主会场的交通道路和公路比赛项目的交通疏导和管理工作，制定各类交通车辆的管理办法和规定并监督实施。

（3）负责安全警卫经费的使用工作。其具体包括：制定各项保卫经费预算方法、科目及使用原则，审批下属安全经费的各项预算和支出。

（4）负责各单项竞委会安全保卫机构的业务指导工作。

6. 大型活动部的职责

大型活动部主要负责大型活动工作方案的制定与实施。其主要职责有三项。

（1）负责开、闭幕式的组织工作。其具体包括：开、闭幕式方案制定和报审，体育表演的设计、编排与演练的组织实施及颁奖仪式的安排。

（2）负责大型群众活动的组织工作。其具体包括：组织大型团体性活动，组织大型迎送晚会。

（3）负责大型活动经费的使用工作。其具体包括：制定大型活动经费的使用规则，审批各分项大型活动科目经费的预算和支出。

7. 国际联络部的职责

国际联络部负责国际性单项竞赛或大型赛会的外事礼宾活动。其主要职责有两项。

（1）负责国际性的接待工作。其具体包括：负责组织对外宾的迎送工作，负责组织安排外宾的活动及一切生活接待和服务性工作。

（2）负责外事业务工作。其具体包括：负责对外宾的迎送招待会、宴会等礼仪性组织工作，负责外宾与我方业务工作的联络和接洽工作，负责组织联络员、翻译人员的培训工作。

三、组织机构之间的沟通

（一）组织机构之间的沟通的基本内涵

竞赛组织工作复杂，需要各个部门互相配合、共同完成，而沟通则是加强各部门之间联络的重要手段。组织机构之间的沟通包括组织内部沟通与组织外部沟通两个方面。组织内部沟通主要指上下级之间的沟通、同事之间的沟通及员工与组织之间的沟通，组织外部沟通主要指组织与客户或其他组织之间的沟通。

沟通能力是运动竞赛成功的必要条件，对组织而言非常重要。沟通具有控制功能、激励功能、信息传播功能、情绪表达功能等。

（二）竞赛组织的沟通渠道

1. 设立竞赛组织工作目标

组织目标是组织系统所要达到的结果或完成的任务，对组织系统的发展具有决定性作用，直接掌控组织发展的方向。在实践工作中，建立组织的目的就在于通过对组织人员及事务的有效整合来实现个人无法完成的任务，其成效在于通过对各类资源的整合而实现优势互补与效益的整体放大。所有竞赛组织的工作都在确立共同的组织目标和统一的指导思想的基础上来实现各单项竞赛组织体系的有序运行的，而组织工作目标的一致性是进行有效沟通的前提。

2. 建立有效的沟通机制

有效的沟通机制必须建立在竞赛部门与其他部门的协同运行基础上，各部门要明确工作职能，为竞赛提供制度保障，建立联络渠道，搭建系统合作的平台。各部门要树立整体观念和大局观念，工作中协调配合，避免片面追求本部门的利益或成绩，造成各部门之间的冲突和矛盾。由于运动竞赛是一项复杂的系统工程，不只是体育部门的工作，只有政府、社会多方面的共同协作、团结一致、综合协调、密切配合，才能取得成效。

3. 建立多方协作的信息交流平台

会议和简报是竞赛部门常用的工作手段，体育赛事宣传手册、竞赛指南、规则手册的使用是赛事进行沟通的有效手段。对于体育赛事与外界的沟通，每日快讯、成绩简报、召开新闻发布会是很重要的主动沟通形式，尤其是信息时代，各方可以利用互联网快速、便捷、高效及不受时间和空间限制的优势进行信息沟通，如现在的奥运会和世界竞赛都建立了自己的官方网站与信息系统，可以使各组织机构之间的沟通更加便捷。

思考题

1. 运动竞赛组织的工作内容有哪些？
2. 运动竞赛组织的工作原则有哪些？
3. 运动竞赛组织的工作计划主要包括哪些内容？

第六章　运动竞赛规则与规程

○ 本章导读

　　本章主要介绍运动竞赛的相关管理文件，包括竞赛规则、竞赛规程等。

○ 学习目标

　　通过本章的学习，学生可以掌握竞赛规则、竞赛规程的基本内涵、主要内容。

运动竞赛的管理过程需要编制各类管理文件，设定相关的工作计划、技术标准、行为准则等，主要包括竞赛规则、竞赛规程、裁判法，以及竞赛组织工作手册、媒体运行手册等。其中，竞赛规则和竞赛规程直接限定运动竞赛的技术标准与行为规范。竞赛规则从整体上规定一个运动项目的竞赛技术标准，竞赛规程则全面设定一次竞赛的主要工作安排。

第一节 竞赛规则

一、竞赛规则的基本内涵

竞赛规则是在运动竞赛过程中运动员必须遵守的技术标准与行为规范的总称，是参赛各方在赛前共同"约定"的基本竞赛标准及相关规定。它以技术标准为基础，以道德规则为导向，是运动员必须遵守的"竞赛法规"，也是运动技术发展的指南及运动训练的向导。其主要目标是使所有参赛运动员在条件均等的条件下进行公平竞争，避免人为主观因素对竞赛成绩造成消极影响。竞赛规则涉及技术规范、场地器材标准与要求等。竞赛规则是组织竞赛的基本依据，是确保竞赛公平、公正的基本保证，是保证公平竞争的准绳，具有规范性、概括性和可预测性等基本属性。任何体育竞赛都需要竞赛规则。

竞赛实践是编制竞赛规则的依据。竞赛规则随着竞赛活动的普及发展而演变并不断完善。早期的竞技活动按双方约定的基本规定进行，通过一定形式进行身体的竞争和智慧的较量，但每次竞赛前双方要重新约定。这种约定存在较大的局限性和不稳定性。随着社会的发展，各类竞赛活动逐渐普及，水平不断提高，参赛各方在技术标准和行为规范上的矛盾更加突出，为了保证良好的竞赛秩序，有必要限定运动竞赛的技术标准和行为规范，并通过裁判员采取强制性措施来保证技术标准和行为规范的全面执行，由此竞赛规则逐步形成、演变并不断完善，成为所有运动员都必须共同遵守的竞赛规则。

二、竞赛规则的主要内容

竞赛规则的条款一般包括构成性条款和规范性条款。其中，构成性条款规定着竞赛的具体目标，以及运动员达成目标时所允许使用的技术手段，是竞赛顺利进行的保证；而规范性条款规定着器械的轻重、场地的大小等指标，它是构成性条款的延伸，与构成性条款相辅相成，保证竞赛的顺利实施。

竞赛规则的合理性是指竞赛规则应该真正合理、高效地实现其保证公平竞争、竞赛秩序及竞赛目标等作用。为此，竞赛规则全面设定了各个运动项目的竞赛技术标准和行为规范，主要内容包括竞赛通则、得分与成绩、场地和器材、犯规、裁判员等（表6-1），直接影响运动员的比赛得分与成绩。

表 6-1 竞赛规则的主要内容

序号	名称	主要内容
1	竞赛通则	竞赛规则中对竞赛基本事项的条款的限定，主要包括参赛国家要求、参赛运动员的年龄限定等
2	得分与成绩	得分的技术规定、成绩的判定方法
3	场地和器材	竞赛场地和器材的技术规格与标准要求
4	犯规	对运动员犯规的认定及相应的惩罚
5	裁判员	裁判员的岗位名称及其职责

三、竞赛规则的主要作用

竞赛规则以人对运动竞赛的需求、运动竞赛的客观条件和客观规律为依据，主要目标是创造公平、公开的竞赛环境，服务于运动竞赛并保证其多元社会价值的实现，具有目的性和规律性。竞赛规则在竞赛活动中的作用至关重要，具有辩证统一的引导作用与制约作用。制定与修订竞赛规则，目的在于保证竞赛顺利进行，并引导和促进运动项目的持续发展。竞赛规则的发展趋势，反映了运动项目的发展特征。

（一）引导作用

竞赛规则是一项竞赛的纲领性文件，是竞赛的组织者和参与者共同遵守的规则。竞赛规则一方面以专项技术和战术发展规律为基本依据，另一方面又能促进运动技术的发展，引导运动技术的发展方向。运动员参加竞赛时为争取获胜而彼此较量的核心竞技能力是由竞赛规则中有关竞赛方法的内容限定的。因此，当竞赛规则中有关技术标准、动作得分与成绩计算等相关条款发生变化，运动员取胜所需要的核心竞技能力也会发生变化，运动员就会在训练和竞赛中更加关注这些竞技能力，进而使得其专项技战术发生相应的变化。因此，竞赛规则对专项技术的发展、提高起着较大的促进作用。从某种意义上讲，不同时期的竞赛规则，在一定程度上反映了该时期的专项技战术特点与发展趋势。

（二）制约作用

竞赛规则规定的技术标准及相应的竞赛行为规范，要求所有运动员必须共同遵守，否则就会因为违反规定而受到处罚，并可能导致竞赛失分甚至失利。因此，参赛各方都会特别关注技术标准，严格遵守处罚规定，避免因受罚而失分。因此，统一技术标准和行为规范，能确保参赛各方公平竞赛，保证竞赛的顺利进行。

四、竞赛规则的发展趋势

竞赛规则的演变与运动项目发展息息相关、紧密关联，是管理运动项目竞赛的重要工具。其发展变化的内部动因主要在于运动项目自身发展和完善的需求；外部动因主要包括公正、准确的竞技原则同不合理竞赛结果的差异性的矛盾，竞技性与观赏性的矛盾，竞技性与商业性的矛盾，竞赛中的不道德行为等。竞赛规则的发展需要保持客观性和主观性的统一、权威性和灵活性的统一、惩罚性和激励性的统一、普适性和具体性的统一。近些年来，世界范围竞赛规则的整体发展演变趋势主要体现在以下几个方面。

（一）利于评判的公平性和准确性

公平竞争是运动竞赛顺利进行的重要条件，良好的竞赛秩序是运动竞赛顺利进行的根本保证。竞赛规则的功能主要在于保证竞赛的公平、公正。对运动员成绩进行较为准确的测量和评价是竞赛规则的功能得以发挥的基本前提，也是优化完善竞赛规则时重点考虑的问题。现代竞赛规则的修订更加注重促进"公平竞争"，更加注重规则制定的科学化和制定过程的规范化，以及重视规则的可操作性。

（二）促进对抗的激烈性与技术的稳定性

为了争取更多的社会关注，得到更多社会资源的支持，各个运动项目都会充分结合本项目的竞技特点制定竞赛规则。由于对抗的激烈性是很多运动项目所追求的发展方向，因此竞赛规则的优化需要通过调整竞赛条款，引导运动员之间进行更激烈的竞争与对抗；而激烈的对抗对运动员技术的全面性与稳定性要求更高。

（三）更加注重竞赛的美感

体操、花样游泳、花样滑冰等项目主要通过展示人类动作的难度与美感而体现运动员的竞技水平。在竞赛中，运动员不仅要完成高难度的技术动作，还要保证技术动作的美感。此类运动项目是靠美感来吸引观众、扩大推广面并实现发展的。

（四）适度加快竞赛的节奏

各个运动项目在制定和完善竞赛规则时，都会遵循合理性原则，适当增加竞赛对抗的激烈程度和观赏性，同时着力调控单元竞赛的时间，由此加快竞赛的整体节奏，以期在增加竞赛精彩性的同时，适应现代运动竞赛的商业化发展趋势。这样有利于竞赛的多媒体传播，可以进一步提升运动竞赛的影响力和社会效益。

（五）全面体现高科技的助力

运动技术的发展和场地技术的改变，促进竞赛规则适时修订。科学技术的发展为运动技术的发展提供了良好的物质基础，运动技术、运动设备、运动器材的优化为运动员获得最佳成绩提供了新的可能，并促使竞赛规则进行相应的调整。

第二节　竞赛规程

一、竞赛规程的基本内涵

竞赛规程是由竞赛的管理者根据竞赛计划而制定的各种政策条文的总称，是运动竞赛的规范性指导文件。其主要作用是基于竞赛目的和任务，根据相关实际条件，遵循可行性原则与公平性原则，把竞赛组织的意图贯彻到政策条文之中。竞赛规程是否严谨、完善，直接影响竞赛能否顺利进行，对运动项目的发展具有重要的保障作用。

竞赛规程是组织者和参与者共同遵守的制度和章程，是组织竞赛的依据，具有高度的权威性和指导性。例如，竞赛中的项目设置以及奖励和计分方法等，对运动项目的开展与普及具有重要意义；运动员的参赛资格等，直接体现公平竞争。竞赛规程通过参赛条件和办法的具体规定，体现公平、公正、公开的竞争原则，整体调控竞赛过程。

作为根据竞赛计划制定的指导具体竞赛实施的政策与规定，竞赛规程对该项竞赛活动的组织管理具有高度的权威性和指导性，是运动竞赛的基本管理文件。举办任何一次运动竞赛都必须首先制定竞赛规程。

二、竞赛规程的基本依据

竞赛规程是竞赛工作的指导性文件与主要依据，根据有关竞赛计划，结合竞赛的规模、目的与任务和主办单位的具体条件而制定。一般由主办单位指定专人负责起草，送主管竞赛的领导机构审批确定。

竞赛规程的制定应简明、准确、具体，使有关单位和参加竞赛的人员全面理解竞赛安排，按照竞赛规程进行各种准备。竞赛规程制定后，须在赛前一年或半年发出，以便运动员根据规程的规定做好充分的准备。综合性运动会可以相应地把共同性条文列为竞赛规程总则，然后再列出各单项的竞赛规程。

作为管理竞赛的法规性文件，竞赛规程的制定是一项严肃、细致和慎重的工作，须做到六点。

（1）竞赛规程的制定要根据竞赛计划，以竞赛的目的与任务为依据。

（2）竞赛规程要与相关政策、法规相适应，并与体育竞赛制度、计划，国际组织的有关规定及国内竞赛的有关规定相协调。

（3）竞赛规程的制定要充分考虑各方面的实际情况，本着公平性原则，体现公平竞争精神。

（4）竞赛规程制定要符合客观实际，既要符合运动员的实际情况及运动项目的实际，又要反映国际、国内体育运动发展的趋势及运动员对竞赛的需求状况。

（5）竞赛规程必须具有稳定性，一经审定颁发必须严格执行，不能朝令夕改、变化无常，并尽可能少发补充通知或修改规定。

（6）综合性运动会的单项竞赛规程要与竞赛规程总则保持一致性。

三、竞赛规程的主要内容

制定竞赛规程的依据主要包括竞赛的目的与任务、竞赛计划和客观条件的限制等，主要内容根据竞赛的实际情况确定。全运会等综合性运动会的内容相对复杂，包括竞赛规程总则与单项竞赛规程；而单项竞赛的竞赛规程相对简化，主要包括竞赛的名称、目的与任务、日期和地点、运动员参赛资格条件、竞赛项目、竞赛方法和竞赛规则、个人和团体名次的评定奖励办法、报名手续及相关规定等。

（1）名称。运动竞赛的名称，应该用全称，不用简称，如"中华人民共和国第十二届全国运动会"。

（2）目的与任务。规程应简明地提出竞赛的目的与任务。例如，竞赛为准备奥运会的选拔赛，竞赛为检查教学效果的教学比赛，竞赛为通过某项等级运动员称号的达标比赛等。

（3）竞赛日期、地点。竞赛日期和地点的确定要充分考虑季节气候、场地设备和交通食宿等条件，使之尽可能符合竞赛要求。

（4）参加单位及组别。规程要明确列出各参加单位的名单和所参加的组别，便于准备与组织。

（5）竞赛项目。规程要根据竞赛的性质、规模、参加单位运动员的水平和主办单位的实际情况设置运动项目。

（6）参赛办法。这是竞赛规程的主要部分，包括参赛条件、参赛人数、报名办法和报名日期。

其一，参赛条件。规程对运动员的运动水平、年龄、学籍学业等方面都应提出明确要求，如"全国冠军赛"一般要求在全国竞赛中成绩优异的运动员参加。

其二，参赛人数。规程中的参赛人数包括每个单位可报多少队（人）、每人可报几项、每项限报几人（队），同时应注明领队、教练、医生和其他工作人员的名额。

其三，报名办法和报名日期。规程应说明报名单的填写方法，规定报名的开始日期和截止日期，以及报名时是否要求运动员的资格证明和身体检查证明等。

（7）竞赛方法和采用的竞赛规则。规程中应明确规定竞赛方法，如单淘汰赛、双循环赛等；此外，应写明采用哪一版竞赛规则、补充规定及评分表等。

（8）计分奖励办法。规程要详细说明各项竞赛的录取名额，单项和集体项目、全能和破纪录及团体总分的计算与奖励办法等，包括成绩相等后的处理办法。例如，全运会的计分就有针对奥运会项目的特定条款。为了促进运动员的全面发展，有的竞赛规程明文规定每名运动员必须参加全能竞赛或身体素质测验，否则不计成绩。

（9）参赛单位的注意事项。例如，竞赛的交通费开支，食宿条件、标准，以及有些项目的音乐伴奏的基本要求，在必要时都要在规程中注明。

竞赛规程是运动竞赛组织过程的基本依据、实施竞赛管理的具体法规。在竞赛活动中，竞赛规则和竞赛规程共同协调和制约竞赛过程。所不同的是：竞赛规则主要是针对技术标准、成绩、场地等的规定；竞赛规程则着重于竞赛的组织管理方面，主要作用在于导向作用、规范作用等。

思考题

1. 竞赛规则的发展趋势有哪些？
2. 竞赛规程的主要内容是什么？

第七章 运动竞赛的发展特点与发展趋势

○ 本章导读

　　本章主要讨论运动竞赛的发展问题，包括运动竞赛的主要发展特点与发展趋势等。

○ 学习目标

　　通过本章的学习，学生能够基本掌握运动竞赛的发展特点，了解运动竞赛的发展趋势。

第一节 运动竞赛的发展特点

现代社会的快速发展，对体育事业提出了更高的要求。作为竞技体育的重要组成部分，运动竞赛集中展示专项特征，对运动项目的发展具有重要意义。

近年来，竞技体育的整体构架持续优化，各个组成部分在发展过程中紧密协同。其中，运动竞赛作为基础性平台，通过竞赛方法的专门设计限定专项竞技能力，决定了运动员选材的核心指标以及运动训练的核心内容。运动队在制定训练方案与参赛方案时，更加重视对专项竞赛方法的分析，紧紧围绕专项竞赛的设计理念，结合竞赛的实践需求进行系统安排。随着对竞技体育认识的逐步深入，以及运动训练科学化水平的不断提高，运动员的竞技水平得到整体提升，各个运动项目的竞赛更加精彩而激烈，更加充分地展示出运动项目的竞技魅力，吸引更多的观众参与进来，进而为运动项目的长期发展奠定坚实的基础。

目前，世界范围每年都要举办数量众多的运动竞赛。运动竞赛的水平越来越高，规模越来越大，社会效应越来越好，体现出鲜明的发展特点。

一、竞争的本原性与目标的多样性

（一）竞争是运动竞赛的本质

竞争是人类社会的普遍现象，是运动竞赛的本质。在运动竞赛中，运动员的直接目标主要在于争取竞赛胜利、获得优异成绩。由于竞赛的最终优胜者只有一个，这就要求运动员全力争取优势地位。为了赢得胜利，运动员需要进行长期的运动训练并不断提升训练的科学性与系统性，这有利于促进运动竞赛整体水平的提升。

（二）目标多样化是重要特征

作为竞技体育发展的基础性平台，运动竞赛为运动员创造良好的竞争环境，也为推动竞技体育的全面发展提供助力。随着社会的发展，运动竞赛的科学化水平不断提升，运动员参赛目标呈现多样化趋势，运动竞赛的社会价值日益丰富，在促进经济发展、加强文化建设、丰富百姓生活等方面具有重要意义。

二、竞争的公平性与竞技的多元性

（一）竞争的公平性是根本

作为竞技体育最具活力的组成部分，运动竞赛不断发展变化，体现出典型的时代特征，具有特定的发展趋势。从根本上来讲，运动员参加竞赛最直接的目标就是争取竞赛的胜利。所以说，竞争是竞技体育最核心的特征。运动员通过长期坚持参加艰苦的训练，来不断提高竞技水平，并争取更多的竞赛胜利。

竞争是运动竞赛的普遍特征，而公平则是竞争的根本保障。在竞赛过程中，运动员的竞争过程与结果的公开，为公众监督与共享提供了空间。运动竞赛的竞争是在公平性基础上的竞争。公平是运动竞赛的灵魂。组织者应制定严格的竞赛规则和行为准则、严格遵守竞赛规程，让全体运动员享受同等竞争的权利。

（二）竞技的多元性是生命力

运动竞赛的竞争激烈，既是运动员彼此之间的竞争，又是包括教练员在内的整个团队的竞争，还是现代科技的竞争。

2020 年东京奥运会共设 33 个大项 339 个小项，2016 年里约奥运会共设 28 个大项 306 个小项，2022 年北京冬奥会共设 7 个大项 109 个小项，2018 年平昌冬奥会共设 7 个大项 102 个小项。每个运动项目都具有个性化的竞技特征，其中，田径、游泳、自行车等竞速类项目，主要展示人类的速度之美；足球、篮球、橄榄球、水球、冰球等同场对抗的集体球类项目，以团队竞争对抗激烈为特征；摔跤、拳击、击剑等项目，靠直接格斗立足；体操、花样游泳、花样滑冰等项目，则以展示人体的形态美见长。一直以来，不同的运动项目呈现不同的竞技特点，展示不同类型的竞技魅力，竞技体育呈现出多样化的发展态势。

在这种情况下，各个运动项目的运动员要想实现真正意义上的竞技突破，必须全面把握专项竞技特征与制胜规律，拥有全面而强大的专项竞技能力。随着社会的不断发展，竞技体育逐步完善，各个运动项目的竞技特征也会更加典型，更加凸显个性化和综合化的特点。

三、对抗的精彩性与展示的直观性

（一）精彩的对抗决定运动竞赛的生命力

在运动竞赛中，各类运动项目呈现各种形式的竞争场景。这些竞争场景有效激发了人类对竞技潜能的追求，引导群众形成强大的思想动能，以服务社会发展。而各个运动项目的发展，取决于自身受到多大的社会关注和群众喜爱。对于普通群众而言，观看竞赛的目的多样，体会快乐则是重点，他们都喜欢精彩而激烈的竞赛。因此，竞赛的精彩与否、对抗的激烈与否直接影响运动竞赛的影响力，它们是运动竞赛的生命力。

（二）直观展示运动员的竞技魅力

观众观看竞赛，都希望体会其中的乐趣，了解其中的竞赛规律。相反，如果观众难以看懂竞赛，对于竞赛的热情必然下降，运动竞赛的发展空间就会受限。因此，各个运动项目的竞赛，在设计的时候都会充分考虑是否容易被观众所接受，都在考虑将竞赛办得简单明了、直观可视，使观众在读懂竞赛的基础上，喜爱各个运动项目的竞赛。

四、成绩的可比较性与结果的非预知性

（一）运动竞赛需要科学的竞技结果

运动员参加高水平的运动竞赛，都会重视竞赛的结果，特别是自身的参赛成绩。因此，成绩的客观、公正至关重要，这就要求各个运动项目的竞赛，都要制定一套科学的竞赛方法，采用系统性的运动成绩评价方式，对运动员在竞赛中的竞技表现进行评价，排定名次。可以说，运动成绩是运动竞赛的焦点，而竞赛方法的设计完善与否直接影响运动成绩，甚至影响运动竞赛的发展前景。

（二）竞赛方法确保结果的非预知性

为了持续吸引观众的关注与参与，提高运动竞赛的观赏性，提升竞赛的魅力，各个运动项目的竞赛都会进行特定的竞赛方法设计，增加竞赛系统的复杂性和竞技边界的开放性，增加运动竞赛过程的复杂性，在充分展示运动项目魅力的同时，形成运动员之间的激烈竞争与对抗，使得竞赛结果具有不确定性，确保竞赛结果存有悬念。

第二节　运动竞赛的发展趋势

一、持续强化体系建设

（一）形成不同类型的专项竞赛体系

运动竞赛是竞技体育的重要组成部分，是集中展示运动项目竞技魅力的平台，在竞技体育的发展体系中处于基础性地位。目前，各种类型的专项竞赛层出不穷，不同类型、不同级别的竞赛协同发展，构成了世界范围内具有专项特点的竞赛体系，其中，单项竞赛与综合性运动会的协同、世界性竞赛与职业化竞赛的协同是两个重要的基点。

一方面，单项竞赛与综合性运动会的协同发展至关重要。在各个运动项目的竞赛体系中，管理项目发展的国际单项体育组织拥有自己的单项世界竞赛，如世界锦标赛、世界杯等。在世界范围内的竞赛体系中，世界锦标赛以及世界杯属于最高级别的竞赛，代表着各个运动项目在世界范围内的最高水平，反映各个运动项目在世界范围内的总体发展状况。与此同时，奥运会等综合性运动会搭建了一个宏大的平台，在吸引世界几十亿观众关注的

同时也为运动项目的发展提供了绝好的机遇。因此，综合性运动会的单项竞赛对于运动项目的发展同样具有非常重要的意义。

单项世界锦标赛和奥运会的单项竞赛是大多数运动项目的最重要的竞赛，二者互相协调、彼此互补。在这个体系之中，世界锦标赛充分发挥历史长、容量大、机制灵活的特点，更加全面地展示运动项目在世界范围的发展状态，激发更多国家参与该项目的竞赛和发展；奥运会则通过科学的设计，搭建宏大的平台，展示项目发展的特点。由此，两类竞赛相得益彰，形成比较稳定的竞赛体系。

另一方面，职业化成为专项竞赛发展水平的风向标之一。职业化是运动项目发展水平的一个重要标志，同时影响着运动项目的后续发展。目前，足球、冰球、网球、拳击等项目的职业化发展水平比较高，职业化竞赛在运动项目竞赛体系中的地位非常重要。但是，由于发展历史不同、资源占有不一样，各个运动项目的职业化水平存在较大差异。

随着竞技体育的发展，各个运动项目的竞赛设置更加科学。在社会需求多样化与个性化并存的大背景下，在设置专项竞赛时，无论是层级设计和数量安排，还是地域和时间安排，都需要全面考虑运动项目的竞技特点。在实践过程中，各个运动项目的竞赛数量、竞赛方法等都会发生变化，在逐步优化的同时，逐渐形成一个彼此协同、相互补充的竞赛体系。

在此基础上，专项竞赛的组织体系更加优化。运动竞赛的组织工作涉及对整个竞赛的总体策划、组织方案的制定、具体实施及过程调控等工作，这些工作的顺利进行非常强调各个管理部门的协调配合，需要组织管理体制的科学化来保证竞赛系统的高效运转。2008年北京奥运会取得圆满成功，各个运动项目的竞赛组织工作总体顺利，这得益于对奥运会竞赛工作的整体规划与细节控制，以及整个竞赛组织管理体系的科学设计与有序运行。

（二）专项竞赛的创新与升级将成为重要的优化路径

在世界体育需求增加的大背景之下，各个运动项目通过创立竞赛、打造精品赛事，或者升级原有竞赛、调整赛事层级与价值附加，来实现专项竞赛的体系优化。竞赛数量多、层次多、密度大、对抗性强。其中，设立新的竞赛是各个体育组织广泛采用的方式。以国际奥委会为例，在原有夏季奥运会和冬奥会的基础上，设立了针对 15 ~ 18 岁运动员参加的青年奥林匹克运动会（以下简称青奥会），使得奥运会形成了夏季和冬季并重、成年与青少年并行的竞赛体系。究其原因，根本在于原有的奥运会在竞技性方面达到了很高的水平。而青奥会实施强调合作、共同参赛、淡化锦标等措施，进一步强调了宣扬竞技文化、传播精神财富的基本理念，并收到了较好的效果。

另外，在原有竞赛基础上进行的升级改革也是竞赛发展的一个重要途径。一般来讲，专项竞赛体系会设定不同的等级，每个等级安排一定数量的竞赛。通过一定时间的运行实践，可以考虑把低级别的竞赛进行升级，从而增加高级别的竞赛，以产生更大的社会效益。以英格兰足球超级联赛为例，20 世纪 80 年代，英格兰足球在面临发展困境的时候，成立新的联赛体系成为首选的路径。1992 年，原来的英格兰甲级俱乐部全体退出足球联盟，组建"英超联盟有限公司"，作为顶级联赛独立自主运营，从而实现了从原有甲级联赛向超级联赛的升级，并取得了良好的效果。

二、系统优化竞赛方法

在竞技体育的发展体系中，各个运动项目的差别主要在于运动员在竞赛中的竞争方式不同，这也使得各个运动项目具有不同的竞技特征。随着竞技体育社会价值的提升，竞技体育的社会关注度提高，这对竞赛方法的科学化水平提出了更高的要求。为了更好地满足社会需求，促进项目的长期发展，各个运动项目会根据实际需求适时完善专项竞赛方法，力求提高专项竞赛方法的科学性与实用性，全面提高专项竞赛的吸引力。

（一）竞赛方法优化促进专项竞赛提升

运动竞赛的核心是运动员的竞争，涉及运动项目的发展本质，直接影响运动员的参赛成绩。因此，对竞赛方法进行调整，能够直接改变运动员在竞赛中的竞争方法，从而改变竞赛中优秀运动员的地位，最终影响竞赛成绩。

审视各个运动项目的发展历史，可以看到竞赛方法的改革一直存在。以乒乓球为例，竞赛用球直径的变化和颜色的调整、发球规则的变化、胶水的使用规则、计分方式的改变等，都在不同程度上改变了竞赛场景与竞技形势。11分制的施行则让竞赛的节奏更快、变化更多，出现偶然事件的概率增大，在一定程度上让竞赛更加好看。另外，奥运会乒乓球竞赛通过设立团体项目来取代双打项目，使得竞赛项目结构发生了变化，影响了各个国家参赛运动员的报名选择，也使得以双打为主项的运动员基本失去了成为奥运会冠军的机会。与此类似，为了加快竞赛的节奏，排球和羽毛球等项目摒弃了发球权得分的设置，普遍实现了"落地得分"的基本规则，使得竞赛的分数变化更快、进程更加有序、竞赛更加好看，同时为更好地编制电视转播计划提供了便利。可以预见，在运动项目的未来发展中，竞赛方法的调整仍将成为各个运动项目完善竞赛体系的重要方式。

在实践过程中，为了满足不断变化的社会需求，各个运动项目的发展都需要进行适应性与前瞻性的改革，而完善竞赛方法则是最重要的改革手段之一。例如，跆拳道项目根据运动员在竞赛中的得分判定胜负，而运动员是否有效得分，在过去的竞赛中都是靠裁判员的肉眼观察，很多时候不能完全保证判罚的准确性，而电子护具的采用，则有效地弥补了这个不足，为裁判员在竞赛中准确判罚提供了重要的基础条件。

（二）竞赛方法优化更加重视"以人为本"

科学技术的发展，可以让运动员通过外界因素的优化来实现成绩增长的目标。我们需要注意，虽然现代科技非常重要，可以提高运动员的成绩，但是，运动竞赛设计必须"以人为本"，竞赛中的竞争首先是运动员竞技能力的比拼。其实，人们看重的不仅是好的成绩，更是在其中呈现出来的竞技场景和竞技精神。对于人类发展历程来讲，运动员体现出来的顽强斗志和强大动能是最重要的，因此，人们应该崇尚科学、重视科技，但是必须坚持"以人为本"，坚持运动竞赛的体育本质，坚持主要依靠人自身的力量去提高成绩。

体育竞赛崇尚创造，重视拓展。沙滩足球、沙滩排球等各种沙滩运动项目的出现，源于人们对大自然的向往。为了满足人们的参与需求，竞赛设计者创造了一些新的竞赛场景、新的竞赛方法，而这一点正是运动竞赛的创造性的充分体现。

（三）现代竞赛方法要求运动员竞技能力更加全面

在专项运动竞赛体系发生变化的背景之下，各种竞赛的参赛要求更加多样，各个运动项目的训练也将面临更多的挑战。

为了让竞赛更加吸引人，各个运动项目的管理机构通过修订竞赛规则的方法来改进竞赛方法，提高相应的评分标准。由此，在竞赛中，运动员所要完成的动作难度更大、运动负荷更高、休息间歇更短，运动员彼此之间的对抗更加丰富而激烈，这要求运动员具备更加全面的竞技能力。

以篮球项目为例，国际篮球联合会通过竞赛规则调整，在篮下设立合理冲撞区，更加鼓励了篮下进攻，使得内线得分的重要性更加突显，竞赛中内线的攻守对抗更加激烈，从而改变了一场竞赛中两队的得分策略与分数分布。在这种情况下，一支高水平的篮球队伍必须拥有强大的内线，全体运动员必须拥有强大的对抗能力，这对专项训练提出了更高的要求。

（四）不同类型竞赛方法的差别要求运动员的适应能力更强

为了增加竞赛的吸引力，丰富专项竞赛的多样性，有些运动项目的竞赛设定了系列性的竞赛方法。这使得运动员在不同竞赛中的参赛环境有所不同，从而需要运动员有更强的适应能力，需要其在竞赛转换期安排有效的适应性训练，实现合理的参赛转换。

以网球项目为例，目前世界上最重要的职业竞赛主要包括澳大利亚网球公开赛、法国网球公开赛、美国网球公开赛和温布尔登网球公开赛，这些竞赛分别在硬地、草地和红土三种网球场地上进行。在竞赛中，运动员需要根据球场场地的不同而有针对性地选择技战术，这对运动员的赛前训练提出了不同要求。在每个年度竞赛过程中，运动员都需要结合后面举行的大满贯竞赛的场地特点，进行针对性的训练，实现从一种场地向另外一种场地的风格转化，这也对高水平网球运动员的适应能力提出了更高的要求。

（五）高密度竞赛条件下要求运动员的能量储备更多

随着世界范围运动竞赛体系的优化，年度重要竞赛的数目增多，运动员需要每年参加更多的竞赛。在这种情况下，运动员参赛的密度增大，持续时间增长，赛季开始之前的基础性准备训练的时间缩短，也就意味着运动员为年度竞赛积累能量的重要时期相对缩短。

另外，由于竞赛体系安排更加紧凑，各种竞赛的间隔时间缩短，赛间训练的时间也会相应减少，使得竞赛之间恢复和重新获得能量的相对机会减少，同时对赛季开始前的基础训练期的能量积累提出了更高的要求。在这种情况下，运动竞赛的发展对赛季前训练和赛间训练提出了更高的要求，要求运动员储备更多的能量。

为了更好地应对新的竞技环境，研究人员需要进一步重视对运动竞赛的基础理论研究；运动队更需要特别重视对专项竞赛方法的实践分析与参赛评估，通过更有针对性的训练来提高参赛的适应能力，通过更为有序的参赛管理来实现取得更好成绩的竞技目标。

三、确保成绩精准与公平

在运动竞赛体系中，运动员的成绩至关重要。公正而准确的判罚形成公平而合理的参赛结果，这是运动竞赛顺利进行的基本条件。所以说，竞争的基本原则就是要保证公平。如果出现不公平，竞争就不存在，所以运动竞赛需要有基本的技术标准与行为规范。

在竞赛实践过程中，为了满足不断变化的社会需求，促进运动项目的全面发展，各个运动项目都在进行适应性与前瞻性的改革，都在努力让本项目的竞赛呈现更加激烈的、直接的对抗。修订竞赛方法，可以提高竞赛对抗的激烈性，缩小运动员的成绩差距。由此，竞赛的激烈对抗和竞争与判罚的高度准确就形成了一对矛盾体，在竞赛激烈、精彩的时候，运动员水平越高、成绩差别越小，判罚越难，对竞赛的评判提出了更高的要求，所以，裁判员准确的判罚是保证公平关键。

过去很多的重要竞赛都曾经出现因为评判的问题而影响竞赛成绩的现象，直接影响了竞赛的进程。例如，足球竞赛中出现的"上帝之手"、足球是否越过门线的评判，竞赛中计时员失误导致的竞赛结果偏差，直接影响了竞赛的进行和举办效益。为了提高评判的准确性，竞赛组织者采取了各种方法，包括增加裁判员人数、使用电子仪器判罚等高科技手段。

但是，总有一些运动项目的判定最后需要人去做，人都是有主观意识的，所以要想办法给主观判定成绩的运动项目制定客观的评价标准。评价标准越客观，判定就越简单，成绩就越准确。否则，即使竞赛精彩、激烈，但如果结果是错误的，竞赛也不能长久。

总之，运动竞赛在遵循运动项目本质特征的前提下，可以增加竞赛对抗的激烈性与直观性，让运动员在竞赛过程中更好地展示自己的竞技能力；还要不断优化并提升竞赛评判的科学性，提高竞赛成绩评判的准确性与公平性，保证竞赛的公平、公正，从而促进运动项目的长期发展。

四、更加鼓励直接对抗

在运动竞赛过程中，不同运动项目的竞争本质相同，对抗场景不同。伴随着信息技术等最新科技的广泛应用，运动训练的科技服务保障体系得到完善，训练的针对性得到增强、科学化水平得到提升，运动员的竞技能力更强，各个运动项目的竞争随之更加激烈。

为了提升竞赛的吸引力，全面实现运动项目的发展目标，竞赛的管理者通过修订竞赛规则、完善竞赛方法、优化竞赛日程等方式，对本项目的竞赛进行专门设计，以着力呈现具有专项特点的激烈竞争，让运动员更好地展示自己的竞技能力，突出运动员之间的直接对抗，为观众展现特点鲜明的专项竞技。精彩的对抗会吸引更多的社会关注，助力运动项目获得更多的发展资源。

五、融入更多的变化元素

随着竞技体育的不断发展，各个运动项目的竞赛不断完善，逐渐形成具有专项特点的竞赛体系。运动竞赛是"人"的竞争，具有典型的复杂性，各种类型的竞赛致力于让参与的人真正融入竞赛，共同享受竞赛的快乐。

在竞赛过程中，"人"至关重要，而"变化"则是吸引注意力的方式之一。因此，为了运动项目的持续发展，在进行竞赛设计时，各个运动项目的管理者着眼于制造悬念、吸引注意力，在竞赛中融入更多变化的元素，增加竞赛结果的不确定性，吸引更多竞赛资源。由于运动竞赛是竞技体育发展的基础性平台，运动员训练、运动员选材都会结合运动竞赛的设计而完善。

六、运动项目设置更加灵活

为了实现长期发展，以奥运会为代表的综合性运动会都在尝试一系列的改革措施，激发自身发展活力。其中，运动项目的设置直接决定竞赛的构架，对综合性运动会至关重要。

在国际奥委会的系列改革文件中，尤其是《奥林匹克2020议程》等，对奥运会的运动项目设置做了一系列的调整优化，国际奥委会在运动项目设置方面给予承办城市选择的权利，对青年人喜爱的时尚、极限、挑战类项目给予了很多的关注。

例如，在奥运会的运动项目体系中，近年来国际奥委会重点推进运动项目的更新设置，一些运动项目得到了广泛的社会认同，尤其是受到青少年喜爱的运动项目成为奥运会和冬奥会的正式比赛项目，包括2016年开始设置的橄榄球、高尔夫球竞赛项目，2020年开始设置的攀岩、冲浪、滑板等竞赛项目。2022年北京冬奥会增设了3个男女混合项目等，为奥运会运动项目体系增添了新的元素，同时增加了奥运会的竞赛数量。这使得更多的运动员可以在奥运会中参与竞争，为奥运会增添了新的竞技亮点。

对于国际奥委会来讲，促进世界奥林匹克运动的长期发展是其重要使命。为了推动这个目标的实现，落实奥林匹克运动在世界范围的共享、适当控制奥运会的规模至关重要，其中项目设置属于一个关键因素。为此，国际奥委会制定了相对灵活的运动项目设置办法，在一定程度上可以缓解相关矛盾与发展问题，同时使得现代奥运会变得更加年轻化、时尚化，在世界青少年中拥有更大的影响力和号召力。

七、更加注重心智水平提升与情感交流

运动竞赛的竞争激烈，运动员要想取得优异成绩，必须拥有全面的身体能力，同时全

面提升心智能力。观众在观看竞赛的过程中，能够享受到由激烈的竞争带来的快乐，能够感受到心灵深处的潜能得到激发。

运动竞赛发展到目前的状态，已经超越了以往单纯的"竞技"的基本功能。在竞赛过程中，人和人之间的交流与沟通、合作与共享都很重要。因此，在对运动竞赛进行专门设计的过程中，各个运动项目的管理者要非常重视参与各方的共享，引导参与各方的情感交流，实现参与各方心智水平的提升。

◯ 思考题

1. 运动竞赛的发展特点有哪些？
2. 运动竞赛的发展趋势有哪些？

第八章 综合性运动会的竞赛组织工作

○ 本章导读

本章主要讨论国内和国际综合性运动会的组织运行工作，包括全运会及奥运会的竞赛组织工作内容、竞赛组织工作特点等。

○ 学习目标

通过本章的学习，学生对综合性运动会的竞赛组织工作有初步的了解，初步掌握全运会及奥运会竞赛组织工作的主要内容、工作特点、组织机构、工作流程等。

第一节　综合性运动会概述

国内和国际的综合性运动会数量较多，每个运动会设立若干个运动项目，参赛人数多、竞赛规模大、组织工作复杂。综合性运动会包括奥运会等世界性运动会和亚运会等洲际运动会，以及我国规模最大、水平最高的全运会等。

一、国内综合性运动会

（一）全运会和全国冬季运动会

全运会，每四年举办一届，由国家体育总局主办，委托省、自治区、直辖市承办。全运会是国内水平最高、规模最大、影响最大的综合性运动会。

举办全运会是为了推动我国体育事业的长期发展，全面备战奥运会等世界竞赛，为国家体育事业发展选拔和锻炼新人，为社会主义现代化建设服务。竞赛项目除武术外，基本与奥运会相同。举办全运会的核心任务是以一流的设施、一流的组织、一流的服务为参赛运动员提供发挥水平、展示才能的良好竞赛环境，鼓励参赛运动员赛出风格、赛出水平，充分展示运动才华。随着国家改革开放事业的逐步深入，我国全运会竞赛组织工作的科学化水平也不断提高。

全运会竞赛组织工作由主办单位（国家体育总局）同承办单位共同实施。主办单位负责领导、协调和监督竞赛工作，承办单位在主办单位的领导下负责竞赛工作的规划、筹备、实施。全国各单项体育协会在主办单位的领导下，组织、协调、监督本项目的竞赛工作，该协会下达的有关规定须经上级业务主管部门的批准。竞赛组织工作的总体目标是为运动员搭建公平竞争的平台，主要包括六个方面。

（1）建立目标任务明确、责任权力明晰、指挥运转协调、运行高效有序的竞赛工作体制和机制。

（2）提供符合规程、规则要求的竞赛条件和良好的服务环境。

（3）确保竞赛的严肃性和公正性，严格执行规程、规则，坚持公平、公正、公开的原则，从根本上保证参与各方，特别是运动员的权利。

（4）建立竞赛成绩统计、公布的保障体系，保证竞赛成绩统计的准确性和成绩公布的时效性。

（5）提供科学、合理的竞赛编排，保证单项竞赛的观赏性，增强运动会的整体氛围。

（6）建立安全保障体系，确保竞赛场馆的公共安全，保证场馆设备的正常运转和各种器材的可靠性，保障竞赛的顺利进行和运动员的人身安全。

此外，我国还举办全国冬季运动会，同样四年一届，设置的竞赛项目与冬奥会基本一致。全国冬季运动会与全运会形成了冬季项目与夏季项目相结合的、最高水平的全国性综合性运动会，成为支撑我国体育事业发展的重要基础。

（二）全国青年运动会

全国青年运动会，每四年举办一届，参赛运动员为 14～18 岁的年轻人。全国青年运动会是我国奥运战略的重要组成部分，是坚持完善竞技体育举国体制的重要环节，是调动青少年训练积极性的有力杠杆和重要抓手，更是衡量我国竞技体育可持续发展水平的重要标志。

全国青年运动会的前身是创办于 1988 年的全国城市运动会。2010 年，国际奥委会设立专门面向 14～18 岁年轻人的青奥会。为了更好地适应国内及国际体育形势的发展需要，更好地与青奥会接轨，2013 年，国家体育总局将"全国城市运动会"更名为"全国青年运动会"。截至 2022 年全国青年运动会已经举办了两届，分别在福建省福州市（2015 年）和山西省太原市（2019 年）举行。

（三）全国少数民族传统体育运动会

全国少数民族传统体育运动会创办于 1953 年，每四年举办一届，由国家民族事务委员会和原国家体育运动委员会（现国家体育总局）联合主办。全国少数民族传统体育运动会的参赛对象为各省、自治区、直辖市的各少数民族运动员，其竞赛项目和方法具有典型的民族性特色。

全国少数民族传统体育运动会坚持"促进民族团结"定位，突出各个民族更广泛的交流与融合。全国少数民族传统体育运动会不断优化竞赛组织工作，在竞赛设项、参赛资格、竞赛办法等方面进行改革，收到了良好的举办成效，成为全国较有影响的大型综合性运动会之一。

（四）全国农民运动会

全国农民运动会由中国农民体育协会于 1988 年创办，每四年举办一届，是由农民运动员参加的、全国性的综合性运动会，规模仅次于全运会。中国是迄今世界上唯一定期举办农民运动会的国家。

二、国际综合性运动会

（一）奥运会

现代奥运会每四年举办一届，着眼于促进人的身心发展和社会适应能力的全面提升，主要包括夏季奥运会和冬奥会、夏季青奥会和冬季青奥会。其中，夏季奥运会从 1896 年在希腊雅典举办第 1 届起，截至 2022 年底已举办了 32 届；而冬奥会起源于法国夏蒙尼，在 1924 年举办第 1 届，截至 2022 年底已举办了 24 届。第 24 届冬奥会于 2022 年 2 月 4 日至 2 月 20 日在北京举行，包括冰上项目和雪上项目，共设 7 个大项 15 个分项 109 个小项。在此届冬奥会上，中国代表团以 9 金、4 银、2 铜的成绩刷新了单届冬奥会获金牌数和奖牌数两项纪录，名列金牌榜第 3 位，创造了自 1980 年我国参加冬奥会以来的历史最好成绩。

奥林匹克运动包括以奥林匹克主义为核心的思想体系，以国际奥委会、国际单项体育联合会和各国奥委会为骨干的组织体系和以奥运会为周期的活动体系。只有奥林匹克运动项目才能列入奥运会的正式竞赛项目。

国际奥委会规定奥运会竞赛项目至少包括 15 个奥林匹克运动大项，而冬奥会不设定最低限额。国际奥委会一般会在每届奥运会结束后对运动项目进行评估并重新审议，决定运动大项、小项的设置，进而规定各个运动项目的参赛名额。

（二）残疾人奥运会

夏季残疾人奥运会始创于 1960 年，是由国际奥委会和国际残疾人奥林匹克委员会主办、专为残疾人举行的世界大型综合性运动会。夏季残疾人奥运会每四年于夏季奥运会结束后同地举办，截至 2022 年底已举办了 16 届。第 1 届残疾人冬季奥运会于 1976 年在瑞典的恩舍尔兹维克举办。截至 2022 年底，冬季残疾人奥运会已举办了 13 届。第 13 届于 2022 年 3 月 4 日至 13 日在北京举行。中国代表团在此届冬季残疾人奥运会上获得 18 枚金牌、61 枚奖牌，名列金牌榜和奖牌榜首位，创造了我国参加冬季残疾人奥运会以来的最好成绩。

（三）世界大学生运动会

世界大学生运动会是国际大学生体育联合会主办的综合性运动会，包括世界大学生夏季运动会、世界大学生冬季运动会，素有"小奥运会"之称。1959 年，第 1 届世界大学生运动会在意大利都灵举行，此后每两年举办一届，至 2022 年世界大学生夏季运动会、世界大学生冬季运动会均已举办了 30 届。第 31 届世界大学生夏季运动会于 2023 年 7 月 28 日至 8 月 8 日在我国成都举办。

（四）洲际运动会

洲际运动会主要包括亚运会、非洲运动会、泛美运动会、欧洲运动会。每个运动会的竞赛项目设置都很齐全。

亚运会是亚洲规模最大的综合性运动会。亚运会由亚洲奥林匹克理事会的成员国轮流主办，每四年举办一届，包括亚洲夏季运动会、亚洲冬季运动会、亚洲青年运动会、亚洲残疾人运动会等。

欧洲运动会，简称"欧运会"，是由欧洲奥林匹克委员会主办的洲际综合性运动会，每四年举办一届，一般在奥运会的前一年举行。第 1 届欧洲运动会于 2015 年 6 月 12 日至 28 日在阿塞拜疆的首都巴库举行。第 2 届于 2019 年 6 月 21 日至 30 日在白俄罗斯的明斯

克举行。第3届于2023年在波兰的克拉科夫等地区举行。

第二节　综合性运动会竞赛组织工作特点

在运动竞赛筹办过程中，组织机构需要对赛事组织工作进行整体规划，并考虑各方面的因素及它们之间的互相影响，以利于整个竞赛工作的顺利执行。综合性运动会竞赛组织工作特点主要包括以下几点。

一、组织体系复杂性

综合性运动会参赛人数多，筹备周期长，规模庞大，竞赛项目多，所需场馆多，组织工作复杂。综合性运动会的组织系统结构层次交错，涉及因素众多，关系错综复杂，还存在着大量不可控因素，因此，竞赛组织者必须从总体上把握运动竞赛的主要脉络，抓住组织工作的基本规律，采取总体设计、宏观控制的原则，进行科学规划、科学组织和科学决策，确保竞赛工作有条不紊地运行。

综合性运动会的筹备与举办是一个系统工程。要想办好综合性运动会，就需要众多的学科和现代科学方法参与组织和管理。为保持各项工作有条不紊，各部门必须做到各项工作职责分明，组织严密，指挥顺畅。

综合性运动会要求项目委员会全面负责该项目的工作，全权处理该项目的问题；又因为很多工作需要横向协同、整齐划一，因此各部门必须执行组委会的统一规定和要求，按统一的规章制度、统一的组织规格，制订本项目的实施细则，不能各行其是。运动竞赛作为一个综合系统，赛事组织内部需要多领域专业人员的协作与分工，需要相关人员具备多种技能。赛事组织成员来源于多个部门，在组织竞赛工作时，要协调好各部门之间的工作，特别强调协同配合；注重跨职能部门的横向协调，加强沟通与交流，实现赛事顺利运行。这在综合性运动会中显得尤为重要。

举办综合性运动会，要经历一个从筹备期到竞赛期的过程。对于组织者而言，这是一个长期规划的过程，需要完成大量的准备工作。由于运动项目设置较多，参赛人数多而杂，竞赛活动相对集中，赛事巨大的规模、广泛的关注和赛事的综合效应给组织者带来繁重的工作量和极为复杂的工作局面。综合性运动会的举办，组织工作繁杂，有大量的人员参与、大量的事情发生，主要工作内容有竞赛组织、电子通信、交通食宿、安全保卫、大型活动、新闻宣传、人力资源、财务管理、行政接待、市场开发等。

二、竞赛工作中心化

综合性运动会组织工作要在组委会的统一领导和要求下，以竞赛工作为主线，带动全局工作，这是综合性运动会的一个基本特征。竞赛工作中心化，是指以竞赛的规则、时间要求作为各项工作的总要求。场馆从使用的角度分为竞赛场馆、训练场馆、非竞赛场馆及服务场馆。为此，竞赛部门应按照有关规定向有关方面及时地提出明确、清晰的要求，如证件的发放、竞赛场地证件的使用等。

运动会竞赛组织系统工程涉及的因素复杂，而且都是在不断发展变化的动态因素，具有很大的不确定性，快速联络和快速反应对于竞赛组织工作至关重要。从总体上讲，运动会的竞赛组织工作是不可逆的，只能一次取得成功，一点小的失误都可能造成严重后果，因此，需要采用随机控制的方法，对不同层次出现的问题适时予以处理，对计划和方案进行适当的调整和变更。各部门工作要以竞赛的总体部署和要求为依据，对本部门的环境和内部条件进行调查和分析，制定出符合客观实际的、周密的工作方案，合理地使用人力、物力、财力，正确安排时间和进度，力求使各局部工作围绕竞赛工作有条不紊地进行，产生良好的整体效果。总之，运动会的各项工作都要围绕其主要宗旨，为"出成绩、出人才"服务。

三、目标管理人本化

设置合理的目标对于竞赛组织工作非常重要。为了提升竞赛效益，组织者需要时刻把握"质量第一"原则。因此，组织者要建立竞赛组织工作的质量评价体系，定期进行工作评估，严格控制组织工作质量，确保实现工作目标。

运动会是一项社会性工程，不仅涉及场馆、器材、通信、电子信息等物的因素，还涉及复杂的经济、文化等人文因素，具有明显的人文社会特征。竞赛组织工作的总体目标是为运动员搭建一个公平竞赛的平台，促进运动项目发展；营造精彩、激烈的竞赛场面，推动大众体育活动的开展；打造品牌体育赛事，推进体育产业化升级。在这个过程中，"人"尤其是运动员是最重要的因素，各项工作都需要围绕"人"展开。在各种类型的竞赛中，组织者面临的重要任务之一，就是全力保障运动员在竞赛中充分展现自己的竞技能力、争取尽可能好的运动成绩。因此，组织者要全力保障竞赛场地、器材、设备等方面完备，为运动员创造一流的训练和竞赛条件，确保竞赛安全、顺利、精彩。

四、组织方式专业化

大型综合性运动会的组织工作，带有较强的专业性。例如，体育场馆的修建、电子设备的配置要适合竞赛的需要，竞赛组织的顺序与内容、竞赛信息的储存与管理要符合相关章程的规定，有时还必须接受其官员的领导、监督。因此，组织综合性运动会，要配备大量的专业人士，让其具体负责专业工作，使各项工作顺利进行。社会经济快速发展，现代科学技术水平不断提高，运动竞赛的筹划、组织与实施的过程越来越科学。运动竞赛的发展在推动社会发展的同时，对社会科学和自然科学提出了更高的要求，自然科学与社会科学的发展又为运动竞赛的科学发展提供了强大的支撑和坚实的基础。目前，国际上的重大竞赛活动，普遍使用了很多高端技术。这些高端技术对运动竞赛的筹划、组织与实施，裁判执法方式的变革及运动竞赛的科学发展，起到了巨大的推动作用。

五、活动内容社会化

运动竞赛活动作为社会活动的一个重要组成部分，随着社会和人的发展，更多地走向社会、融入社会，并与社会发展的进程相互促进、相互制约；运动会竞赛项目的设置也更多地趋向大众化，不再局限于竞技体育项目，开始注重大众体育的发展。此外，综合性运动会规模大、影响广，往往超出了体育的范畴。例如，奥运会、亚运会，虽由一个城市来承办，实际上代表了一个国家（地区）的组织管理水平，政府也直接或间接地参与投资、组织和管理，因而不可避免地带有社会化的特征。因此，组织综合性运动会，必须注重外部资源，保证赛事组织精简高效；同时借助外部资源，在一定程度上可以降低赛事风险，提高赛事成功率。

第三节　全运会竞赛组织工作

一、组织工作内容

全运会是一项社会性工程，参赛人数多，筹备周期长，活动规模大，具有人文特征、动态发展特征等。主办单位和承办单位需要进行整体规划与科学组织，以应对运动竞赛瞬息万变的动态过程，实现快速联络和快速反应，避免任何环节的延迟可能给整个工作带来的损失。

质量是系统的生命、效益的源泉。组织者要建立各项竞赛组织工作的质量评价体系，定期进行质量检测，严格控制组织工作质量。

全运会竞赛组织系统一般包括 8 个子系统：场地器材、竞赛编排、报名注册、成绩统计、颁奖工作、裁判员管理、计算机服务、兴奋剂检测。它们彼此协同，共同推进竞赛组织工作的进程。

如果细分的话，全运会的竞赛组织工作主要包括：申办及相关工作，建立竞赛组织机构，制定竞赛规程及相关文件，报名和参赛资格的确定，竞赛日程编排，选派技术代表和技术官员，规划场地、设备、器材，组织预演竞赛，身份确认及注册制证，成绩统计和成绩公布，开、闭幕式和颁奖仪式，反兴奋剂，竞赛工作总结，等等。

二、组织工作机构

建立竞赛组织机构是全运会竞赛组织工作的关键环节之一，对圆满完成竞赛工作至关重要。全运会的组织机构充分体现精简、统一、高效的原则，力求结构合理、职能明晰。组委会竞赛组织机构主要包括竞赛部和项目竞委会（图8-1）。

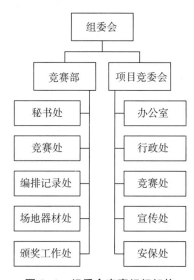

图8-1 组委会竞赛组织机构

（一）竞赛部

竞赛部是组委会中负责竞赛工作的办事机构，主要任务是负责制定竞赛工作规划、工作计划和工作方案，组织各项竞赛工作的实施。竞赛部设部长1人，全面负责竞赛组织管理工作；下设副部长若干人，分别负责对口工作，分工合作，协调配合。

竞赛部下设秘书处（综合处）、竞赛处、编排记录处、场地器材处、颁奖工作处。竞赛部各处室的主要工作任务见表8-1。

表8-1 竞赛部各处室的主要工作任务

部门	职责
秘书处	①制定、汇总部内工作计划和实施细则，制订工作网络图和进度表，拟定竞赛财务预算；②转交各处报请组委会审批的文件和资料；③做好与其他部、室、委及各项目竞赛委员的联系协调工作，处理相关问题；④整理、印发竞赛部简报；⑤做好有关会务及部内后勤工作的准备和落实；⑥协助有关部门接待与本部有关的国家体育总局业务司处的人员
竞赛处	负责竞委会的联络、技术官员（裁判员）的管理和培训工作等

部门	职责
编排记录处	①编排竞赛日程和训练日程；②审核、印发总秩序册及单项秩序册；③接受报名，汇总各类人员统计表，安排抽签工作；④协调成绩系统的工作，制定成绩传输办法及工作流程；⑤审核各运动项目的成绩公告，编印、分发每日成绩汇编，发布超、创纪录的公报；⑥编制分发总成绩册
场地器材处	①负责制定各运动项目的竞赛和训练场地、器材规格要求，配合有关部门做好安排、落实、检查和验收工作；②协助有关部门检查、验收各运动项目的计时计分、录像监督及成绩处理系统等电子信息技术设备，解决存在的问题
颁奖工作处	①制定颁奖工作方案，统计、设计、制作各类奖品；②指导颁奖工作人员的选拔和培训工作；③审定各竞委会的颁奖计划，指导、检查、组织颁奖工作

（二）项目竞委会

项目竞委会是组委会领导下的竞赛工作执行机构，主要负责本项目的竞赛组织工作、宣传、安保、卫生、医疗等各项工作。项目竞委会设主任1人，全面负责本项目的竞赛组织工作；设副主任及委员若干人，分工负责对口竞赛工作；设技术代表1人，是竞委会的领导成员，全面负责竞赛工作，领导仲裁委员会及裁判工作，直接对主办单位负责。

项目竞委会下设办公室、行政处、竞赛处、宣传处、安保处等。项目竞委会各处室的主要工作任务见表8-2。

表8-2 项目竞委会各处室的主要工作任务

部门	职责
办公室	文秘、综合协调工作、竞委会的内部工作等
行政处	做好技术官员、运动员、工作人员等的生活接待、医疗卫生、票务、交通和其他保障性工作
竞赛处	编制训练日程表，印制单项秩序册、成绩册，制订场馆设施和器材的管理计划及颁奖工作计划
宣传处	负责本项目宣传与新闻发布、配合媒体及新闻分中心的有关工作
安保处	竞赛的安全保障、证件管理、场馆秩序管理工作等

三、组织工作过程

（一）工作阶段划分及任务确定

全运会的筹备工作包括基础性筹备工作、综合性筹备工作和试运转三部分。基础性筹备工作是以规划设计、基本建设为重点，是筹备的基础工作；综合性筹备工作是围绕竞赛这一主题统筹安排各项工作，促进各个子系统协调运行的时期，是筹备工作的关键阶段；

试运转也叫热运行，它是对前两个阶段工作的检验，是各项筹备工作的磨合期。三个阶段的工作互为因果，紧密相连，前一个阶段的工作不能完成或完成得不好，都会影响下一个阶段的工作，最终影响到整个竞赛工作的顺利进行。

（二）竞赛组织工作的程序

全运会的竞赛组织工作涉及因素多、交互影响大、复杂程度高。涉及的工作程序主要包括组织机构设置的程序，制定竞赛规程的程序，选派技术官员的程序，竞赛编排的程序，报名和注册工作的程序，成绩统计和公布的程序，颁奖工作的程序，选定场馆、设施、设备的工作程序，竞赛器材选定和管理的程序，等等。

第四节　奥运会竞赛组织工作

一、工作阶段划分

（一）启动阶段

奥运会启动阶段也叫申办筹备期，即从申办赛事"意愿"产生到提交申办方案并获得赛事举办权的整个过程。这一阶段的主要任务是相关国家对申办所涉及的内外环境进行全面的分析，即对将要申办的运动会的组织工作需要哪些方面参与、投入与产出效果、现有内外科技条件的可行度、环境条件、资金渠道等各方面因素进行评估及论证，从而掌握此场运动会在申办经济回报、科技支持、社会效益上的可行性。

此阶段的具体步骤有：国际奥委会邀请各国奥委会提出申办城市，并给出举办奥运会的最低技术指标；国家奥委会确定本国的申办城市，并致函国际奥委会，表明支持其选定的城市；国际奥委会职能机构对申办城市进行初步审查，由执委会确定正式申办城市；国际奥委会与该国奥委会及申办委员会就申办城市的责任、行动准则及违反协议的处罚签订合同；国际奥委会投票表决前，申办城市评价委员会对其进行实地考察并将考察结果汇报国际奥委会，评价委员会主席由国际奥委会委员担任；申办城市过多时，国际奥委会执委会根据评价委员会的报告选出若干候选城市；候选城市向国际奥委会陈述其举办奥运会的计划；国际奥委会全会秘密投票，选定举办城市；选定的举办城市与国际奥委会签订正式协议。

（二）前期筹备计划阶段

奥运会前期筹备计划阶段就是在为实施奥运会做准备。作为超大规模的国际盛会，奥运会涉及的因素极为复杂，此阶段是统筹赛事工作的起点。这个阶段的主要任务是组建奥运会组织领导机构；确定赛事组织方案、制定赛事竞赛规程、制定各部门规章制度；制定并实施《奥运行动规划》；制订奥运会总体工作计划，与国际奥委会协调委员会正式建立工作联系，并对奥运竞赛场馆建设、市场开发和竞赛项目等问题进行商讨；全面落实奥运场馆、设施的前期工作和施工准备；环保设施、城市基础设施及文化与旅游设施开始建设；市场开发工作启动运行。

（三）全面建设阶段

全面建设阶段是从组织机构建立起来、各职能部门的工作计划经赛事组委会审核通过到竞赛开始前为止。这一阶段的主要任务是奥运场馆建设、市场开发、文化宣传、志愿者招募和培训、运动会服务、竞赛组织和技术保障等所有与举办奥运会有关的工作都要全面展开。市场开发和场馆建设两方面的工作须进入高潮，所有工作即将进入完工状态，准备迎接奥运会的到来。

（四）优化运行阶段

在优化运行阶段，所有场馆和设施均须达到奥运会的要求。组委会对所有建设项目和各项准备工作进行检查、调整、测试和试运行，确保能够正常使用；同时，会陆续举办一些大型国际体育赛事，使场馆和各类设施的运转进入最佳状态，使管理和服务等工作人员积累经验，使整个城市的生态和文化环境符合举办奥运会的要求。

（五）赛时运行阶段

赛事运行阶段是竞赛组织的核心阶段，直接影响奥运会的价值大小。这一阶段是从赛事的开幕式开始至赛事闭幕式结束为止。所有任务都是围绕竞赛工作而展开的，为保证赛事的协调运行，各部门加强联络与沟通，及时对出现的紧急情况做出处理。组委会在其中发挥主要作用，掌控奥运会各项活动的进程，确保赛事顺利进行。

（六）总结收尾阶段

奥运会闭幕式结束，竞赛工作基本完成，但是，作为竞赛组织团队的各部门还需进行赛事的收尾工作。这一阶段的主要工作有竞赛部门及时编制和印发总成绩记录册；各竞赛项目部门进行赛事财务决算报表汇总，清理和拆卸、还原、清点赛事所用的场地器材、设备，并移交给责任保管人等；召开总结大会，对赛事组织管理的整个过程进行交流、探讨得失、总结，整理归档有关赛事的各类文件，以及以文字形式总结本次赛事的举办经验情况，并上报组委会。

二、重点工作流程

四年一届的奥运会是奥林匹克运动中最高层次和最重要的活动。它不仅在实现奥林匹克运动的目标中发挥着极其重要的作用，而且对其他各种体育活动的发展具有极大的促进作用。奥运会作为国际性体育赛事，组织工作复杂，其组织工作流程主要包括奥运会的举办时间、举办城市的选定，奥运会的筹办，奥运会的组织与实施等方面。

（一）选定举办时间和举办城市

《奥林匹克宪章》规定，夏季奥运会在奥林匹克周期的第一年举行。奥运会具体举办的日期，由申办城市在主办城市选出前提交国际奥委会执行委员会批准。如一旦确定时间未按期举行，则主办城市的举办权会被撤销。奥运会赛期（含开、闭幕式）不能超过 16 天，如星期日或法定节日不安排竞赛，则须经过国际奥委会执行委员会批准后方可相应地延长。

（二）奥运会的筹办

1. 成立组委会

奥运会组委会（以下简称奥组委）是一个临时性的权力机构，具有法人身份，是奥运会全部工作的指挥中心和控制枢纽。从成立到结束，奥组委所进行的一切活动必须符合《奥林匹克宪章》，符合国际奥委会、国家奥委会和主办城市间签订的协议及国际奥委会执行委员会的指示。

2. 具体事务筹备

（1）制订奥运总计划。

制订总计划，是指将申奥报告的各项内容和指标具体化，对各种资源进行调配，对各部门的具体职责和工作范围加以界定，使各项工作能够有条不紊地进行。一般情况下，奥运总计划分为奥运会前、奥运会期间和奥运会后三部分内容。总计划须对与奥运会有关的各项工作作出明确的指示与安排。

（2）资金筹集和经费预算。

奥组委要与国际奥委会一起通过出售电视转播权、寻求赞助伙伴等形式，开展一系列市场开发活动，从官方和非官方的各种渠道筹集举办奥运会所需的资金。奥组委还要对本届奥运会进行经费预算，对筹集资金作总体统计，并对奥运会的各项开支进行详细的记录。

（3）竞赛场馆、奥运村及各种设施的筹建。

竞赛场馆：奥运会主办城市要有一个主赛场（夏季奥运会主赛场要求至少能容纳 70 000 人，冬奥会主赛场至少能容纳 25 000 人）、数十个其他场馆和附属设施。各个场馆建设必须达到国际竞赛要求，配置要先进，富有艺术感和文化风格；同时要注重环保与赛后利用。

奥运村：又称奥林匹克村或运动员村，是奥运会主办者为参赛的运动员、官员、工作人员提供的住宿地。《奥林匹克宪章》规定奥组委应提供一座至少在奥运会开幕式前 2 个星期至闭幕式后 3 天期间可用的奥运村，并负责运动员、官员、工作人员在奥运村的全部食宿费和当地的交通费用。奥运村的位置必须设在主赛场附近，各辅助设施必须齐全。

贵宾住地：对前来参加奥运会的贵宾（国际奥委会委员、国际单项体育联合会负责人、政府首脑等人），奥组委会集中安排高档次的酒店住地，以便提供服务和保护。

媒体村：专门为报道奥运会的新闻媒体工作者提供的工作和住宿地，配备必须齐全，记者会馆、宴会中心、银行、电脑终端等必不可少，为他们提供最为完善的服务和最先进可靠的通信技术设备。

（4）服务系统筹划。

奥运会前后，会有大量人员出入主办城市，奥组委应让他们能够依据各自身份享受该有的待遇，须为奥运会的参加者提供便捷的出境手续，设立特别通道，使整个工作处于一种高效的状态。对于参会人员的交通、饮食、医疗等服务也须进一步筹划，使奥运会能够顺利完成。

（5）传播媒介与信息系统筹划。

为了快速、准确地向全世界及时发布奥运会相关信息，奥运会举办城市需要建设或改善传播媒介和信息系统。

（6）环境治理工作。

体育、文化、环境是衡量奥运会成功与否的三个重要指标。因此，绿化和美化城市，治理城市环境污染问题也是奥运会准备工作的一项重要内容。

（7）安全系统设计。

历届奥运会主办者对安全问题都给予了高度重视，每个国家都花费大量人力、物力和财力为奥运会的安全保驾护航。

（8）人力资源的开发与训练。

奥运会除需要运动员、裁判员和观众外，还需要大量的工作人员，奥运会举办前，人力资源的开发与训练至关重要。工作人员的业务水平和服务质量对奥运会的举办结果会产生重要影响。

（9）检查验收和试运行。

在奥运会准备阶段后期，奥组委须对所有竞赛场地、生活设施、交通通信等硬件系统和服务等软件系统进行全面的测验。同时，在奥运会前，奥组委会利用即将运行的奥运设施组织一些国际竞赛，对场地设备和人员进行实战性的检验，以及时发现不足，方便后续采取应急措施和出台应急方案。

（三）奥运会的组织与实施

1. 奥运会的竞赛项目

奥运会的竞赛内容由国际奥委会遵循广泛性、普及性的原则进行安排。运动项目设置是重点工作事项。运动大项、运动小项要列入夏季奥运会竞赛项目必须有公认的国际基础。运动大项要引入的夏季奥运会竞赛项目，至少在75个国家和四大洲的男子，以及至少在40个国家和三大洲女子中广泛开展。运动小项要列入夏季奥运会竞赛项目，至少在50个国家和三大洲男子，以及至少在35个国家和三大洲的女子中开展，而且至少两次被世界锦标赛或洲锦标赛列入竞赛项目。

2. 运动员的参赛资格和报名办法

（1）运动员的参赛资格。

《奥林匹克宪章》规定，运动员要具备参加奥运会的资格，必须遵守《奥林匹克宪章》，以及被国际奥委会批准的有关国际单项体育联合会的规则，并且由本国奥委会报名。

（2）参赛运动员的报名条件。

奥运会的报名一般分 3 次。第 1 次是在奥运会开幕前 5 个月，要求各个国家（地区）报送准备参加竞赛的项目和人数，以便做好接待和竞赛组织工作的初步安排。第 2 次是在奥运会开幕前 45 天，要求较为准确地报送参加竞赛的项目和人数。第 3 次是在奥运会开幕前 14 天，精确地核对报名情况，此次报名后除不可抗拒的意外因素外不可再做任何变动。

3. 奥运会期间的组织工作

奥运会举办期间，组织工作主要由各职能部门和机构按照计划、依照既定的程序，各自处理好所承担的常规工作，保证奥运会的各项工作有序运转。奥运会举办期间，奥组委的主要工作是负责协调、解决各部门之间的问题，调配各场馆之间的紧缺资源，监控奥运会各项活动的进程，加强各部门之间联络，判断和处理紧急情况。

4. 奥运会结束后的组织工作

奥运会的闭幕式结束后，奥组委还需进行大量的善后工作，如将奥运会期间使用的设施、物资以适当的方式移交给其他部门，拆除临时设施，有步骤地解散组织机构和工作人员；全面进行财务核算，写出详细的总结报告并送交国际奥委会。奥运会结束一年后，本届奥组委宣布解散。

三、组织工作计划

（一）主要内容

"计划"是为了实现既定的决策目标，包括对工作目标进行分解，并筹划人力、财力、物力，拟定实施步骤、方法和制定相应的策略、政策等一系列的管理活动。所谓奥运会竞赛组织工作计划是为完成奥运赛事目标而进行的系统的任务安排。奥运会竞赛组织工作计划包括奥运会前的筹备工作总体计划、奥运会期间的组织工作计划、奥运会结束后的工作计划。

（二）制订计划时需考虑的问题

一般情况下，制订竞赛组织工作计划所要考虑的问题可以概括为六个方面：做什么、为什么做、何时做、何地做、谁去做、怎样做。

"做什么"要明确竞赛组织工作计划的具体任务和要求，明确每一个时期的中心任务和工作重点。"为什么做"要明确工作的缘由（具体解决什么问题）、宗旨、目标和方向，并论证可行性。"何时做"规定计划中各项竞赛组织工作的开始时间和完成的进度，以便进行有效的控制和资源调配。"何地做"规定计划的实施地点和场所，了解计划实施的环境条件和限制，以便合理安排计划实施的空间组织与布局。"谁去做"是指计划不仅要明确目标、任务、地点、进度，还要规定由哪个主管部门负责，包括计划要明确规定每个阶段由哪个部门主要负责，哪些部门协助；在各个阶段交接时，由哪些部门和哪些人员参加鉴定和审核等。"怎样做"是指制定实现计划的措施，以及相应的政策和规则，对资源进行合理分配和集中使用，对各种派生计划进行综合平衡。

（三）制订竞赛组织工作计划的步骤

奥运会竞赛工作复杂，制订竞赛组织工作计划会受诸多因素的影响，需要对竞赛进行整体分析，确保实现长期的发展效益。制定竞赛组织工作计划的步骤见表8-3。

表 8-3　制定竞赛组织工作计划的步骤

序号	标题	主要内容
1	确定竞赛目标	制订任何计划前都须明确赛事目标，对赛事目标的各种指标要有明确的认识。赛事目标的制定通常受一定的工作范围、进度计划、成本和资源的约束
2	建立竞赛工作分解结构	根据工作分解结构确定赛事的工作内容，并将其绘成正式的工作分解结构图。工作分解结构主要包括竞赛、竞赛地点和设施（包括食宿、交通）、媒体设施和协作、安全保卫、医疗保健等一系列工作
3	确定各项任务进度	根据经验对各项任务完成时间作出估计，确定各项任务的进度
4	分配资源	根据各项任务，分配具体的人力、物力、财力
5	制订初步计划	利用关键路线法或计划评审技术建立赛事网络、确定管理重点，并综合资源及其他条件限制因素后，将赛事网络转化为日程安排，即确定每项工作展开的具体日期
6	征求意见，修正计划	召开会议以听取各方关于计划的意见，并对所做计划进行调整
7	确定最终计划	最终计划是建立在调研和反复征求各方意见的基础之上的，须做成书面文件，并发给赛事高层管理者和赛事工作人员，以使每个人都能明确计划的内容

〇 思考题

1. 综合性运动会竞赛组织工作有哪些特点？
2. 全运会竞赛组织工作机构有哪些？
3. 奥运会竞赛组织工作主要包括哪些阶段？

附录

附录一　全国综合性运动会组织管理办法 [①]

第一章　总则

第一条　为进一步规范全国综合性运动会组织工作，加强指导、管理、监督力度，根据《中华人民共和国体育法》，制定本办法。

第二条　全国综合性运动会（以下简称运动会）是指由国家体育总局主办，省、自治区、直辖市人民政府承办，根据竞赛规程和规则，在规定期间内举行的全国运动会、全国冬季运动会和全国青年运动会。

第三条　组织运动会要以协调推进"四个全面"战略布局为引领，坚持绿色、共享、开放、廉洁办赛的基本原则，充分发挥运动会在推动"健康中国"建设，促进我国竞技体育、群众体育、体育文化和体育产业发展等方面的综合功能与多元价值。

第四条　主办单位和承办单位应当全面落实运动会组织工作的主体责任和监督责任，加强党风廉政建设和反腐败工作，将其作为政治思想建设、组织制度建设、纪律作风建设的重要内容，建立并完善廉洁办赛的机制和制度，严格执行党纪党规和国家各项法律法规，实现风清气正的办赛目标。

第五条　主办单位根据体育事业发展需要，确定运动会总体目标和主要规划。承办单位在主办单位的指导下，具体负责运动会的组织工作。

[①]　该组织管理办法来自于国家体育总局官方网站，略有改动。

第六条　运动会组织工作应当遵循运动会规律，以运动员为中心，节俭高效、惠民利民、管理科学、标准规范、程序严谨，注重遗产规划。

第七条　本办法适用于运动会组织过程中的工作和活动。

第二章　组织机构

第八条　运动会应当设置组织委员会（以下简称组委会）、纪律检查委员会（以下简称纪委会）和各项目竞赛委员会（以下简称竞委会）等组织机构。

承办单位根据场馆布局和工作需要确定是否成立赛区组委会，并向主办单位备案。

第九条　承办单位应当于运动会开幕前24个月成立组委会和纪委会，于开幕前18个月成立各项目竞委会。

因特殊情况无法按时成立的，承办单位应当与主办单位协商确定。

第十条　各组织机构由主办单位和承办单位人员共同组成。

第十一条　组委会根据组织工作需要，设置内部机构，确定工作人员职责、岗位和数量。

第三章　场馆

第十二条　承办单位应当提供符合国际单项体育组织或全国单项体育协会技术标准和规则要求的比赛和训练场馆。

第十三条　鼓励承办单位采用对现有场馆维修、改造、扩建，不同项目共用场馆等方式，提高场馆使用效益。

确需新建场馆的，应当与当地经济社会发展和城市总体规划相结合，并充分考虑绿色环保和赛后综合利用。

提倡建设临时性场馆和设施。

第十四条　经主办单位同意，承办单位可以将不具备办赛条件的项目比赛安排在其他省、自治区、直辖市举行。

第十五条　组委会应当以竞赛为核心，合理规划和确定场馆内外功能空间以及人员和车辆流线。

第四章　运动会规模

第十六条　运动会每4年举办一届。

全国运动会、全国冬季运动会和全国青年运动会会期（包括开闭幕式）原则上分别不超过13天、11天和10天。

运动会举办日期由主办单位根据承办单位的地理位置、气候特点和比赛项目设置等综合因素统筹确定。

第十七条　主办单位根据体育事业发展和奥运会比赛项目调整情况，确定、调整运动会项目设置。

运动会同期举办群众喜闻乐见、普及程度高的体育项目比赛，鼓励群众参赛，实现全社会参与、全人群共享的发展目标。

主办单位于运动会开幕前36个月确定本届运动会项目设置，包括大项、分项和小项。

第十八条　全国运动会主要以省、自治区、直辖市、新疆生产建设兵团、中国人民解放军为参赛单位。

第十九条　符合以下条件的行业体育协会，经主办单位同意，可以组成代表团参加全国运动会：

（一）有专门的体育管理机构和专职工作人员；

（二）有专业运动队建制和一定数量的教练员、运动员编制；

（三）有运动队训练基地和教学、科研设施；

（四）有运动队年度专项训练经费；

（五）参加全国单项体育协会举办的年度全国比赛；

（六）有3个项目（分项）或12名运动员参加全国运动会资格赛。

第二十条　全国冬季运动会主要以省、自治区、直辖市、新疆生产建设兵团、中国人民解放军，或省、自治区所辖市（地、州、盟）、直辖市所辖区（县）、新疆生产建设兵团所辖师级单位以及行业体育协会为参赛单位。

第二十一条　全国青年运动会主要以省会城市、自治区首府、直辖市所辖区（县）、计划单列市、新疆生产建设兵团所辖师级单位以及符合主办单位规定条件的市（地、州、盟）级单位为参赛单位。

全国青年运动会参赛单位报名报项由各省、自治区、直辖市、新疆生产建设兵团体育行政部门统一组织实施。

第二十二条　推动竞技体育和群众体育全面发展，鼓励企业、俱乐部等参加运动会。

第二十三条　运动会参赛单位应当按照《全国运动员注册与交流管理办法》和当届运动会代表资格规定，组成参赛代表团。

第二十四条　参赛代表团运动员由相应体育项目资格赛成绩确定。

主办单位于运动会开幕前12个月审定并公布资格赛举办方式和录取人数。

第二十五条　参赛代表团官员人数不超过运动员人数的40%。

第五章　竞赛组织

第二十六条　主办单位根据项目设置、竞赛办法和场馆条件等因素，确定竞赛日程。各项目比赛原则上在开幕式和闭幕式之间举行。

第二十七条　主办单位制定运动会竞赛规程总则，审定并公布各项目竞赛规程。

第二十八条　运动会比赛和训练器材应当符合国际单项体育组织或全国单项体育协会

标准。

鼓励承办单位通过市场开发、借用或租用等方式配置器材。

第二十九条　组委会应当根据项目特点，科学、统筹安排参赛运动队训练。

第三十条　组委会应当在运动会开幕前，适时在运动会比赛场馆举行测试，检测场馆设施设备和人员水平。

举办测试赛的，可以单独举办，也可以与全国性或区域性比赛结合举行。

第三十一条　主办单位根据《体育竞赛裁判员管理办法》《全国体育竞赛裁判员选派与监督工作管理办法（试行）》以及各项目相关规定，公平、公正、公开地选派裁判员参与运动会执裁。

在符合竞赛规程规则和有关规定的情况下，优先安排承办单位本地或邻近地区裁判员参与执裁。

第三十二条　主办单位应当健全临场仲裁机制，规范仲裁委员会人员资质，完善工作制度，公平、公正、高效解决比赛争议。

第三十三条　体育竞赛前3名颁发奖牌，举行颁奖仪式。奖牌分为金牌、银牌、铜牌，只颁发给运动员。

颁奖仪式应当庄重、简朴，体现仪式感。

第三十四条　运动会使用的竞赛规程、秩序册和成绩册等出版物应当体现指导性、专业性、规范性，语言精练、格式统一，纸质版和电子版相结合，节约开支。

第六章　体育文化活动

第三十五条　开闭幕式应当遵循隆重、热烈、节俭的原则，控制成本，突出体育文化特色。

开幕式文艺表演不超过50分钟，闭幕式文艺表演不超过40分钟。控制声光电的使用，不燃放大型烟花焰火，突出体育主题和全民健身活动展示。

开闭幕式总体方案由承办单位提出建议方案，报主办单位审定。

第三十六条　组委会应当严格控制火炬传递规模、时间和路线。点火仪式和火炬传递在承办单位当地举行。火炬传递活动采取实体与网络相结合，传递活动从简进行。

第三十七条　组委会应当根据公开、公平、公正原则，开展火炬手选拔工作。火炬手应当具有广泛的代表性和影响力，以承办单位为主。

第三十八条　组委会应当在运动会组织过程中积极开展主题突出、形式多样的全民健身活动，营造全民健身氛围，弘扬体育精神，倡导积极健康的生活理念和生活方式，推动群众性体育工作深入开展。

第七章　服务保障

第三十九条　组委会应当充分利用现有住宿条件和设施，或通过市场化方式安排参赛代表团、裁判员、媒体人员等住宿，并为以上人员提供餐饮和交通服务。

第四十条　运动会安全保卫工作应当以人为本，措施得当，反应迅速，保障运动会平安进行。减少对训练比赛和城市生产生活的影响。

第四十一条　运动会实行身份注册制度。组委会应当合理确定身份注册卡通行权限，保障各类人员履职需要。

第四十二条　组委会应当选择具有资质的医院作为运动会指定医院，并在场馆和住地等场所提供专业、及时、高效的医疗服务。

第四十三条　运动会信息系统工作应当遵循必需、必要、实用原则。承办单位负责信息系统建设工作，满足赛时基本运行需求。

第四十四条　承办单位应当为注册人员在开闭幕式和比赛场馆预留座席，为运动员观看非本项目比赛以及青少年观赛预留门票。

预留座席和门票的具体数量根据场馆可用座席数由主办单位和承办单位协商确定。

第四十五条　组委会应当广泛动员社会各界志愿参与、服务和保障运动会组织工作，合理安排运动会志愿者招募、培训、保障和激励计划。

第四十六条　组委会应当严格控制邀请境内外贵宾观摩的规模和规格。根据工作需要，合理确定活动日程。

第四十七条　运动会期间组委会不举行欢迎宴会和答谢宴会，不举行与运动会无关的论坛、庆典、展览和研讨会等活动。严禁公款宴请，严禁发放纪念品和礼品。

第四十八条　承办单位应当于运动会结束后6个月内将组织运动会的所有文件、音视频、实物等资料物品移交主办单位。

当届运动会承办单位应当积极与下届运动会承办单位分享运动会举办经验。

第八章　反兴奋剂

第四十九条　组委会应当全面贯彻落实《反兴奋剂条例》和《反兴奋剂管理办法》，严格执行"严令禁止、严格检查、严肃处理"的反兴奋剂工作方针。

第五十条　组委会根据项目特点和竞赛日程，制定兴奋剂检查计划，开展兴奋剂检查和反兴奋剂宣传教育。

第五十一条　主办单位和承办单位应当共同开展食源和药源性兴奋剂综合治理工作。承办单位要充分利用当地食品药品监管工作资源和渠道，保证比赛期间各类注册人员食品安全和当地药品销售的规范性。

第九章　新闻宣传

第五十二条　新闻宣传坚持团结稳定鼓劲、正面宣传为主的方针，遵循新闻规律，围绕各类重大活动和赛事节点逐渐升温，展现运动会的综合功能与作用。

第五十三条　组委会应当建立和完善新闻发布机制和新闻发言人制度，及时传播运动会信息。

第五十四条　组委会根据宣传报道工作需要，科学合理确定参与运动会报道的新闻媒体和记者数量。

第五十五条　组委会根据媒体需求，依托现有条件，确定媒体服务标准和内容，为其工作提供便利。

第五十六条　运动会会徽、吉祥物、主题口号等由承办单位经征集后提出建议方案，报主办单位审定。

第十章　市场开发

第五十七条　运动会市场开发权归主办单位所有。主办单位可以授权组委会进行当届运动会的市场开发，并对此项工作进行指导和监督。

承办单位确定后 6 个月内，主办单位和承办单位协商确定运动会市场开发权利义务等内容。

第五十八条　组委会应当健全制度，规范使用运动会名称、会徽、吉祥物、主题口号等标识。

组委会可以通过商标注册、版权登记、专利申请、特殊标识登记等手段加强对运动会标识的保护。

第五十九条　鼓励整合市场资源，通过赞助、特许经营等方式吸引社会资本为运动会组织工作提供资金、技术和服务支持。

组委会应当注重赞助企业投资回报，防范隐性市场营销，维护赞助企业权益。

第六十条　组委会应当保证运动会比赛和活动在电视、广播、网络媒体等进行播出和报道。

第六十一条　门票销售体现公开、公正、惠民原则，销售门票应当占场馆座席总数的 45% 以上。

门票价格应当充分考虑承办单位经济社会发展状况和人民生活消费水平。

第十一章　监督和处罚

第六十二条　纪委会对组委会和竞委会人员廉洁自律及参赛代表团赛风赛纪和反兴奋

剂工作进行监督、检查、问责。

第六十三条 组委会执行预算制度，直接用于运动会组织运行的经费应当向同级人民代表大会报告并及时向社会公布。

第六十四条 组委会加强纪检监察监督，重点对运动会组织过程中高风险领域和环节进行监督检查，及时发现和处理违规违法行为。

第六十五条 组委会加强全面审计监督，采取内部审计和专项审计相结合的方式，对经济活动和财务管理的合法性、真实性、效益性进行全过程的审计和监督。

第六十六条 违反党规党纪、赛风赛纪、反兴奋剂及其他违规违法行为的，依规依法进行追责和处罚。

第十二章 附则

第六十七条 主办单位邀请香港特别行政区、澳门特别行政区、台湾省参加运动会的办法另行制定。

第六十八条 其他全国综合性运动会及省、自治区、直辖市人民政府在本行政区域内举办的综合性运动会，组织工作可以参照本办法执行。

第六十九条 《全国综合性运动会技术指南》是本办法的具体规范和标准，主办单位可以根据工作需要进行修订。

第七十条 本办法自发布之日起施行。

附录二 《足球竞赛规则 2022/2023》条款名称

条款	名称	主要内容
第一章	比赛场地	场地表面、场地标识、场地尺寸、国际比赛场地尺寸、球门区、罚球区、角球区、旗杆、技术区域、球门、球门线技术、商业广告、标志和图案、视频助理裁判
第二章	球	质量与测量、坏球的更换、其他比赛用球
第三章	队员	场上队员人数、替换人数、替换程序、更换守门员、违规与处罚、场上队员和替补队员被罚令出场、比赛场地内多出的人员、比赛场地外的队员、比赛场地内多出人员时出现进球、球队队长
第四章	队员装备	安全性，必要装备，着装颜色，其他装备，标语、言论、图像及广告，违规与处罚
第五章	裁判员	裁判员的职权、裁判员的决定、权力和职责、视频助理裁判、裁判员的装备、裁判员的示意信号、比赛官员的责任
第六章	其他比赛官员	助理裁判员、第四官员、附加助理裁判员、候补助理裁判员、视频比赛官员、助理裁判员的信号、附加助理裁判员的信号
第七章	比赛时间	比赛阶段、中场休息、对损耗时间的补足、罚球点球、中止的比赛
第八章	比赛开始与恢复	开球、坠球
第九章	比赛进行与停止	比赛停止、比赛进行
第十章	确定比赛结果	进球得分、获胜队、罚球点球决胜
第十一章	越位	越位位置、越位犯规、不存在越位犯规、违规与处罚
第十二章	犯规与不正当行为	直接任意球、间接任意球、纪律措施、犯规与不正当行为出现后的比赛恢复方式
第十三章	任意球	任意球的种类、程序、违规与处罚
第十四章	罚球点球	程序、违规与处罚、概要
第十五章	掷界外球	程序、违规与处罚
第十六章	球门球	程序、违规与处罚
第十七章	角球	程序、违规与处罚

附录三 中华人民共和国第十五届运动会竞赛规程总则 [①]

第十五届全国运动会坚持以人民为中心，深化体育事业改革发展，服务奥运战略，提升我国竞技体育综合实力和为国争光能力，持续激发人民群众参与体育运动的热情，为健康中国和体育强国建设做出新贡献。

一、竞赛项目

游泳（游泳、马拉松游泳、跳水、水球、花样游泳）、射箭、田径、羽毛球、篮球（篮球、三人篮球）、拳击、皮划艇（静水、激流回旋）、自行车（公路、场地、山地、自由式小轮车、竞速小轮车）、马术（三项赛、盛装舞步、场地障碍）、击剑、足球、高尔夫球、体操（体操、蹦床、艺术体操）、手球、曲棍球、柔道、现代五项、赛艇、橄榄球（7人制橄榄球）、帆船、射击、乒乓球、跆拳道、网球、铁人三项、排球（排球、沙滩排球）、举重、摔跤（自由式、古典式）、霹雳舞、滑板、攀岩、冲浪、棒垒球、武术。小项设置另文印发。

国家体育总局将根据2028年洛杉矶奥运会设项情况完善第十五届全国运动会竞赛项目。

二、竞赛日期和地点

2025年在广东省、香港特别行政区、澳门特别行政区举行。

三、参加办法

（一）参加单位

1.省、自治区、直辖市、新疆生产建设兵团、行业体协组成代表团参赛。

2.香港特别行政区、澳门特别行政区和台湾省参加办法另行确定。

（二）报名报项

1.资格赛、决赛报名报项在赛前30天截止，具体办法另行通知。

2.通过资格赛达到决赛参赛标准的社会各界人员可以代表队或个人名义参赛，不组成代表团。

（三）代表团官员

代表团官员（包括团长、副团长、团部官员和运动队官员）总数按照不超过开闭幕式期间参赛运动员总数50%的比例确定，其中只有1名运动员的代表团，只能报1名官员。团部官员的总数按照不超过开闭幕式期间参赛运动员总数10%的比例确定。不足1人按1人计算。同一名官员只能代表一个代表团报名。代表团官员的具体分配由代表团自行确定。

每个代表团可报团长1人。运动员4至50人的，可报副团长1人；运动员51至100

[①] 该竞赛规程总则来自于国家体育总局官方网站，略有改动。

人的，可报副团长 2 人；此后运动员每增加 50 人，可增报副团长 1 人。每个代表团最多可报 5 名副团长。

代表团超编官员以及开幕式前比赛项目的官员数量另行确定。

（四）报到和离会

1. 各代表团团部官员于运动会开幕前 3 天报到，闭幕后 1 天离会。各代表团须在团部官员中明确 1 至 2 名联络员，其报到和离会时间另行确定。

2. 各项目运动队在本项目比赛开始前 3 天报到，比赛结束后 1 天离会。个别项目按照单项竞赛规程规定，组委会提前开放比赛、训练场馆供运动队进行适应性训练。

（五）费用

代表团正式报到至离会期间，组委会将负担各代表团正编人员的住宿、粤港澳三地区域内交通和伙食补助等费用，各代表团须按规定交纳一定数额的伙食费。其他时间发生的上述费用由代表团自理。

四、运动员资格与审查

（一）运动员资格

1. 中华人民共和国公民；

2. 经医务部门检查证明身体健康；

3. 符合全国运动员注册与交流规定以及《第十五届全国运动会运动员代表资格规定》；

4. 符合各项目竞赛规程和竞赛规则有关规定。

（二）资格审查

1. 国家体育总局将依据有关规定对运动员参赛资格进行审查，并采取公示等程序接受各参赛单位监督。

2. 运动员在参赛资格上经查证属实有违反规定的，单人项目取消本人参赛资格和比赛成绩；两人和两人以上项目取消全队参赛资格和比赛成绩。此外，还将根据有关规定对相关责任人员和单位进行处罚。

凡运动员（队）被取消参赛资格和比赛成绩的，已完成的比赛结果不再改变，其被取消的名次依次递补。

（三）香港特别行政区、澳门特别行政区和台湾省运动员参赛资格另行确定。

（四）特殊规定

运动员须服从国家队需要，完成奥运会资格赛、世界锦标赛等重大国际比赛的集训和参赛任务。因备战需要无法参加第十五届全国运动会资格赛的运动员，经国家体育总局批准后可直接参加决赛。

五、竞赛办法

（一）国家体育总局审定并公布各项目竞赛规程。

（二）比赛执行由国际单项体育组织或全国性体育社会组织审定的竞赛规则。

（三）比赛使用由国际单项体育组织或全国性体育社会组织认定的器材。

（四）各项目通过资格赛确定决赛资格，资格赛采用积分赛、达标赛等方式举行。

（五）各项目资格赛前进行体能测试，合理设置体能测试内容、标准和方式，达标者方可参赛。具体规定详见各项目竞赛规程。

（六）竞速类项目参照奥运会或者世界锦标赛标准设置进入决赛阶段比赛的最低成绩标准，难美技巧类项目参照奥运会或者世界锦标赛标准设置进入决赛阶段比赛的最低难度标准，达标者方可参加决赛。具体规定详见各项目竞赛规程。

（七）创新竞赛组织方式，合理设计马拉松、公路自行车等项目的比赛路线，促进粤港澳三地融合发展。

（八）报名参赛单位不足6个的大项（分项）将取消设项；各项目决赛报名以及决赛前技术会议上确认报名不足6名运动员（队）的小项将取消比赛。

（九）足球、篮球、排球（不含沙滩排球）项目分别录取12支队伍进入决赛阶段比赛，手球、曲棍球、水球、橄榄球、棒垒球项目分别录取8支队伍进入决赛阶段比赛；如香港特别行政区、澳门特别行政区参加上述项目决赛阶段比赛，则相应增加决赛阶段参赛队伍数量。

（十）在决赛阶段比赛中，除部分项目按照规则规定比赛名次可以并列外，其他项目须排出单项名次，不得并列。

（十一）特殊规定

广东省、香港特别行政区、澳门特别行政区可以不参加足球、篮球、排球（不含沙滩排球）、手球、曲棍球、水球、橄榄球、棒垒球项目的资格赛，直接参加决赛阶段比赛。

六、奖励办法

（一）足球、篮球、排球奖励前12名，手球、曲棍球、水球、橄榄球、棒垒球项目奖励前8名。参赛队伍数量不足奖励名额的，按照实际参赛队伍数量奖励。其他项目有11名（含）以上运动员（队）参加决赛的，奖励前8名；有8名至10名参加决赛的，奖励前6名；有6名至7名参加决赛的，奖励前3名。

（二）获得各项目比赛前3名的，分别颁发金、银、铜牌和奖励证书；获得其他名次者颁发奖励证书。

（三）获得各项目比赛前3名运动员的教练员也分别颁发金、银、铜牌。

（四）设体育道德风尚奖，办法另定。

七、联合培养

（一）体教联合培养

具有学籍的运动员（学生）代表省、自治区、直辖市、新疆生产建设兵团，行业体协与学校参加第十五届全国运动会，取得的成绩分别计入注册单位和双重注册单位。

（二）警地联合培养

经公安系统招录考试，入警入编的运动员代表中国公安体育协会重新注册参加第十五届全国运动会，取得的成绩分别计入中国公安体育协会和输送单位。

八、公布比赛成绩

比赛成绩包括各单项比赛结果，依据赛会竞赛日程每日公布比赛成绩。

九、技术官员

（一）资格赛的技术官员（含技术代表、仲裁和裁判员等）由国家体育总局有关运动项目中心、全国性体育社会组织选派；决赛的技术官员由国家体育总局有关运动项目中心、全国性体育社会组织提出建议名单，报国家体育总局批准确定。

（二）各项目技术官员在本项目比赛开始前4天报到，比赛结束后1天离会；因赛前准备工作需要提前报到的人员，须报国家体育总局批准。

（三）技术官员正式报到至离会期间，组委会将负担其食宿、差旅、粤港澳三地区域内交通、工作补贴等相关费用。

十、反兴奋剂

兴奋剂检查和处罚按照国家体育总局有关规定执行。

十一、代表团团旗

各单位自备，颜色自定，规格为2米×3米。团旗除标明规程规定的参加单位名称外，不得出现其他标识。

十二、比赛服装要求按照各项目竞赛规程、规则及其有关规定执行。

十三、如果巴黎奥运会中国体育代表团人员出现赛风赛纪问题且第十五届全国运动会参赛单位负有责任的，取消该参赛单位体育道德风尚奖评选资格，取消该参赛单位第十五届全国运动会相应大项或分项参赛资格。

十四、群众赛事活动竞赛规程另行公布。

附录四　2022 年全国田径锦标赛竞赛规程 ①

一、主办单位

中国田径协会、浙江省体育局、衢州市人民政府

二、承办单位

衢州市体育局、浙江省体育竞赛中心、浙江省田径协会

三、协办单位

衢州市体育事业发展中心、衢州市田径协会

四、运营单位

衢州珠江文体发展有限公司

五、竞赛日期和地点

9 月 16—18 日　衢州市体育中心

六、参赛单位

各省、自治区、直辖市、各行业体协、其他单独注册单位。

七、竞赛项目

男子（19 项）：100 米、200 米、400 米、800 米、1 500 米、5 000 米、10 000 米、110 米栏、400 米栏、3 000 米障碍、跳高、撑竿跳高、跳远、三级跳远、铅球、铁饼、链球、标枪、十项全能；

女子（19 项）：100 米、200 米、400 米、800 米、1 500 米、5 000 米、10 000 米、100 米栏、400 米栏、3 000 米障碍、跳高、撑竿跳高、跳远、三级跳远、铅球、铁饼、链球、标枪、七项全能。

八、参赛办法

（一）本项赛事为协会Ⅰ级赛事。按照《中国田径协会关于印发 <2022 年全国田径竞赛体系改革措施 > 的通知》要求，同时考虑到今年（2022 年）疫情对赛事组织的影响，以 9 月 5 日 0 点为截点，前 12 个月内的成绩为参赛依据，需同时满足如下要求：

1.12 个月内运动员成绩满足至少 1 次达一级及以上；

2.12 个月内运动员成绩总排名达如下名次者：

项目	成绩排名
100 米 /200 米	前 36 名
400 米 /800 米	前 28 名
1 500 米	前 25 名
5 000 米 /10 000 米	前 35 名

---

① 该竞赛规程来自于中国田径协会官方网站，略有改动。

项目	成绩排名
100 米栏 /110 米栏	前 36 名
400 米栏 /3 000 米障碍	前 30 名
跳高、撑竿跳高	前 26 名
跳远、三级跳远	前 26 名
铅球、铁饼、链球、标枪	前 24 名
全能	前 20 名

注：（1）因退役、伤病等原因未报名而空出的参赛名额不再递补。

（2）考虑到举办地疫情防控需要，最终参赛人数将根据报名情况酌情调整。

（二）参加本次比赛的运动员，赛前一个月内（即 8 月）体能成绩必须达标（75 分），方可报名参赛，未达标或未按时上报体能成绩的，将不允许参赛。

（三）各单位 2 名机动名额(须参加过 2022 年中国田径协会认可的赛事且有比赛成绩)，须于 9 月 3 日前在系统中报名，并备注"机动名额"。

（四）需通过注册单位在中国田径协会竞赛管理系统报名参加，非注册运动员暂不开放。

（五）参赛费用包括交通、食宿、核酸检测等由各参赛单位自理。各代表队中运动员与工作人员的比例如下：

1 ~ 7 名运动员：1 名工作人员；

8 ~ 11 名运动员：2 名工作人员；

12 ~ 15 名运动员：3 名工作人员；

16 ~ 19 名运动员：4 名工作人员；

以此类推。

九、竞赛办法

（一）比赛使用经中国田径协会审定的场地器材和设备。投掷器械需经世界田联认证和中国田径协会审定。运动员自备器械按规则执行。

（二）3 000 米障碍及以上径赛项目采取末尾淘汰制，具体见《竞赛须知》。

（三）所有项目决赛成绩需达国家级运动健将标准，否则排名从第四名开始。

（四）比赛检录时，运动员必须交本人注册卡，否则不能参加比赛。

（五）运动员比赛时，须穿着印有单位名称的统一服装（背心、短裤），经审查同意以个人身份参赛运动员服装不得印有原单位名称。服装必须符合田径竞赛规则的规定，否则不能参加比赛。

（六）比赛将进行兴奋剂检查。

（七）报名不足 3 人的项目，取消设项。

（八）其他事项按中国田径协会审定的《田径竞赛规则 2018—2019》及世界田联最新修订内容执行。

十、录取名次和奖励

（一）各单项录取个人前 8 名。如参赛人数不足 6 人（含 6 人）只录取前 3 名，7 ~ 8

人录取前 6 名。录取人员可在协会官网下载电子证书。

（二）奖励

各项目分别对应 2021 年各项目世界最好成绩排名及创超全国／亚洲／世界纪录给予相应金额的奖励（奖励标准见附件），没有进入世界排名前 50 项目的运动员不予奖励。

十一、报名与报到

（一）报名：满足报名条件运动员（队）将于赛前 15 天公布，同时开启网上报名，赛前 10 天停止报名，逾期报名将不予受理。

（二）报到：请各参赛单位于 9 月 14 日 12:00 前报到。由承办单位提供赛事指定饭店和交通信息等事项，费用自理。各参赛单位在报名后出现报名参赛运动员和工作人员无法到赛区报到超过 5 人（含 5 人），而又没有按补充通知要求提前与赛区确认的，每人交 200 元竞赛安排损失费。

（三）凡规程中规定的交款，由赛区收取。不交纳者，将取消该单位参加下一次全国性田径比赛的资格。

（四）技术会议：赛前 1 天召开技术会议，宣布有关竞赛事宜，确认参赛运动员名单，各单位选派 1 名领队和 1 名教练员参加。

十二、赛事代表

中国田径协会指派技术代表 2 人，技术官员及其他裁判员 15～20 人参加工作，其余由承办单位根据中国田径协会《田径竞赛裁判员管理办法实施细则》选派。

十三、疫情防控及其他未尽事项由主办单位于赛前 15 天在中国田径协会网上发补充通知。

十四、本规程的解释权属中国田径协会。

附件：202 年全国田径锦标赛奖金标准（略）